本丛书系中国政法大学制度学研究院科研资助项目成果

英｜宪｜精｜义
总 主 编 李 树 忠
执行主编 李 松 锋

英国议会主权面临的挑战

PARLIAMENTARY SOVEREIGNTY AND THE HUMAN RIGHTS ACT

[英] 艾丽森 · L. 扬 著
薛小建 卞苏 译

法律出版社
LAW PRESS · CHINA
北京

Parliamentary Sovereignty and the Human Rights Act
by Alison L Young

著作权合同登记号
图字：01-2023-1057

作者简介

艾丽森·L.扬（Alison L Young）

女，牛津大学法学博士，现就职于剑桥大学罗宾逊学院，担任大卫·威廉姆斯爵士公法学讲席教授。兼任牛津大学人权研究中心成员、牛津大学“法律与宪治政府根基”项目成员、牛津大学赫特福德学院荣誉成员、英国高等教育学院成员、宪法学会理事会成员。英国宪法学协会（UKCLA）宪法网站主编之一、《欧洲公法学》杂志（*European Public Law*）和《公法学》杂志（*Public Law*）编委会成员。研究领域广泛，涉及英国及欧洲公法的所有方面，主要研究兴趣为宪法理论，尤其着眼于以“对话理论”来比较人权保护的不同途径。2017年出版的《民主对话与宪法》获莱弗尔梅（Leverhulme）研究基金资助并参选2018年内殿（Inner Temple）图书奖。研究兴趣还包括比较公法（尤其是在英国法、欧盟法、英联邦其他国家的法律和法国法之间的比较）、言论自由和通过私法途径保护人权等方面。除本书和上述专著外，还出版《（特平和汤姆金斯）英国政府与宪法——文本与资料》（2021年，独著，在特平和汤姆金斯原版本上重新汇编）、《社会民主宪法》（2020年，独著）、《公法的基础与未来》（2020年，编著）、《米勒案之后的英国宪法：脱欧及其后续发展》（2018年，编著）、《主权与法律：国内法、欧盟法与国际法的视角》（2013年，编著）。在《欧洲公法学》《公法学》《国际宪法学》等重要期刊发表论文多篇。

译者简介

薛小建

女，中国政法大学法学院原副院长，教授，法学博士。中国法学会宪法学研究会原常务理事。自1987年迄今，任教于中国政法大学，从事宪法学教学和研究30余年，致力于中国宪法、比较宪法、社会保障制度和宪法监督制度研究，在《中国法学》《比较法研究》等学术期刊发表论文数十篇。

卞苏

女，中国政法大学法学学士（2002 ~ 2006 年）、宪法与行政法学硕士(2007 ~ 2010 年),英国格拉斯哥大学法学理论博士(2010 ~ 2015 年),现任江苏海洋大学文法学院副教授。曾在 *Global Constitutionalism*、*Australian Journal of Asian Law* 等期刊发表中英文论文多篇。主要研究方向为宪法学理论、法与社会理论和比较法学。

总　序

一

英国作为西方宪政的母国,尽管迄今仍未有成文的宪法典,但为现代宪法制度开天辟地,夯土奠基。历史上那一幕幕政治大戏,铺陈了生生不息的宪制演进,成为宪法文明的源头活水。

1215 年的《大宪章》被誉为西方宪政史的起点。这份旨在保护贵族利益的契约性文件,虽昙花一现便沦为权力的俘虏,但前所未有地确认了一些法治原则,王权应受法律制约的理念得以彰显。这种现代法治常识在 800 年前无异于闪电划破夜空,点亮现代政治文明的烛火。《大宪章》还昭示着王权的“神圣”。纵使国王不得人心，贵族愤懑，却没有想“彼可取而代之”，而是维护传统政制合法性，杜绝了诸侯逐鹿的秩序坍塌，为发展至今的英国宪制奠定底线共识。

当年的贵族势力敌不过王权。自1485年都铎王朝开始，君主专制渐趋成型。直到查理一世专权独裁，不可一世，在风起云涌的大变革时代，仍固守专制政体，不愿和议会妥协，错失君主立宪之良机，终致人头落地，王权瓦解。向以保守著称的英吉利竟也陷入“城头变幻大王旗”的战争哀歌。

皇家无小事。亨利八世遭遇婚姻变局，遂祭起宗教改革的大旗，政治改革乘兴而起。1534年《王位继承法》《至尊法案》《叛逆法案》的颁布，完成了英格兰和罗马教廷的分离。国王陛下取代教皇，成为英国教会在尘世间的最高元首，集圣职和俗务于一身，政教合于一体。《大宪章》宣告的王权有限早已杳无踪迹。君权源自天命，上帝之下，万人之上。“国王创造法律”，而非“法律创造国王”。除了脱离罗马教廷，宗教改革对英国国内政治亦有影响。教士垄断国家高级职位的局面被打破，重要职务开始由俗人担任。英格兰作为一个民族国家，从中世纪教会的桎梏中走出，政治世俗化。议会在处理国家、教会事务中，获得了新的生命力,成为英国政治中不可或缺的部分。

权力往往是残忍的。驯服桀骜的君主绝非易事,议会在和王权的斗争中尚还年轻。小小岛屿上,内战、共和、复辟和革命轮番登场。历史还需要等待下一次机会。

二

血流成河的暴力革命让各方力量逐渐意识到刀光剑影中没有胜者,谈判和妥协才是出路。于是,有了 1688 年的“光荣革命”。君主大位得以保存,但需遵照“王在议会”“王在法下”的原则。西方宪政史上的议会至上浮出人间。绝对君主制开始受到限制,并让位于议会制。议会立法高于王权。国王不再高居法律之上,而是屈居法律之下,“虚君立宪”的政治体制渐次确立。

权力从国王转向议会,议会掌握了国家最高权力,无所不能。除了议会自己,任何部门都无权判决议会立法无效,法官概莫能外。绵延数百年之久的普通法宪制让位给议会至上的新宪制。议会主权不仅取代国王大权,还攫取了普通法法官的规则创制权。

相比于代议制政府来说，责任内阁制更显英国宪法的贡献。议会主权的落实最初还需仰仗国王及其亲信大臣。国王既是国家象征，又是行政首脑。罗伯特·沃波尔爵士（Sir Robert Walpole）1721～1742 年领导辉格党内阁，集第一财政大臣与首席部长于一身，并亲自坐镇下议院，成为行政与立法的“中介”，沟通了国王与议会，被后世称为第一位首相。内阁制初现端倪，行政权力开始从王室向内阁阁魁转移。

宪法制度的稳固为英国工业革命提供了制度动力和坚固保障，助力英格兰在 18～19 世纪大国崛起，击败法国，取代西班牙，夺取世界霸权，成为“日不落帝国”。

三

第二次世界大战的硝烟伤了帝国元气，英国国力日渐式微，国际民族运动蓬勃兴起，昔日殖民地纷纷独立，大英帝国土崩瓦解，取而代之的是大不列颠及北爱尔兰联合王国。

为防止欧洲大陆再次沦为纳粹主义的俘虏，诞生了《欧洲人权公约》，英国于 1951 年加入。虽然《欧洲人权公约》并非高于国内法的秩序规则,并不直接在英国法院适用,但是,《欧洲人权公约》的生效,意味着英国开始承认接受国际义务的制约,英国宪法不再只是国内法,而是包括了《欧洲人权公约》在内的国际法。

《欧洲人权公约》对民主、自由的强调,推动了英国普选权的落实以及对公民权利的保护。虽然该公约的具体内容直到1998 年才被写进英国《人权法》,但法官在司法实践中屡屡引用该公约规定解释国内法,填补普通法漏洞。更重要的是,1966年英国承认《欧洲人权公约》中的个人申诉机制后,英国公民可以向欧洲人权法院控告英国政府。英国公民三番五次地将英国政府告上了欧洲人权法院。宪制主权的概念随之发生变化。

1998 年《人权法》旨在"把权利带回家",将《欧洲人权公约》中大量实质性条款引入国内法,使公约精神在英国法律中得以落实。《人权法》要求内阁向议会提交法案时审查其是否与《欧洲人权公约》相一致,法院应尽可能按照与《欧洲人权公约》相一致的原则解释议会立法,如果无法作出相一致的解释,可以发布"不一致"宣告。不一致宣告并不导致法律无效,固然维护了议会至上,但法院作出的不一致宣告,犹如当头棒喝,令内阁和议会都将承受政治生命中无法承受之重。事实上,法院作出不一致宣告的法律,都被议会和内阁作了修改。虽然议会还掌握着最终话语权,但在保护人权的议题上,法院的制衡色彩愈加明显。

1973 年,英国加入欧共体,因涉及对议会和国家主权的限制,被誉为“数世纪以来最重大的宪法事件”,不仅颠覆了联合王国的宪法,还有可能颠覆王国自身。为此制定的《欧共体法》成了欧盟法和英国国内法之间的“管道”,即欧盟条约上的权利义务不经英国议会确认直接成为英国国内法的一部分,其效力高于英国国内的其他法律。议会不再是国内法的唯一制定者,欧盟机构分享了部分英国法的制定。2009 年,欧共体结束,欧盟接替。欧盟和英国议会共享主权的事实继续存在。

20 世纪末贵族院改革,大幅减少世袭贵族,改由任命产生。虽仍称贵族院,但议员非因身份高贵,而在术业有专。身份的变化,让贵族院议员更有政治底气,敢于向政府议案说不。微妙的变动推动着议会两院权力的重构。未来贵族院将如何改革,尚未有定论,但致力于打造一个“更加民主和更具代表性”的贵族院成了不可逆转的潮流。

1975 年,为决定是否留在欧共体,英国首次举行了全民公投。议会主权开始受到大众民主的制约。直接民主正在成为代议制民主的补充。虽然理论上议会仍然可以置公投结果于不顾,但在政治上显然不是明智之举。当下正纠结着的“脱欧”进程正能说明一切。

自加入欧共体以来的系列宪法改革,塑造了完全不同于戴雪笔下的宪法,并正推动着英国宪法迈向一个过去不曾预料的方向。

四

2016 年 6 月,51.9% 的选民在公投中支持脱离欧盟。2017 年《欧盟(通知退出)法》通过,拟将现有欧盟法律转换为国内法,为英国“脱欧”做法律准备。纵有万般纠葛,英国已走上“脱欧”的不归路。繁杂的政治、法律、经济等议题,不过是表明“分手”容易“离婚”难。但正如当初加入欧盟一样,脱离欧盟也必将在一定程度上塑造着英国的宪法。

英国宪法是流淌的文字。国家政治、经济、民族、文化发展过程中的重大且根本性问题,都在书写着英国的宪法。诚如智者所言,英国宪法每天都在变。政制中发生的都是宪法,即便什么也没有发生,那也是宪法。但这些变化中能称为宪法的规范还是清晰可辨,从集权走向分权是宪制变迁的主旋律。

国王、议会、司法、内阁、欧盟、公投,权力下放地方,把原本由一人独享的至高王权一步步拆分为多重力量的相互制衡。国家治理不再是白金汉宫或威斯敏斯特的权谋,而是“飞入寻常百姓家”,愈加凸显“我们人民”的政治力量。

这种长于历史的宪法,赋予英国宪制以神秘性,增加了他国临摹的难度,却为研习者提供了无尽的素材和无休止的乐趣(苦恼)。

五

近百年前,开眼看世界的华夏先哲已经注意到英国宪制的魅力,并致力于译介工作。雷宾南译戴雪名著《英宪精义》是该领域的扛鼎之作。历史峰回路转,中国终于踏上全面推进依法治国的征程。在此背景下,依托中国政法大学制度学研究院,接续先贤,为这伟大豪迈的事业添柴加薪,组织策划“英宪精义”丛书,译介英国宪制研究的精品。

本丛书以翻译英国宪法学界最新研究成果为主,注重对某个领域的精深研究,同时保持一定的开放性,既吸纳英国宪法史上的经典之作,也将适当考虑国内同仁的英宪作品。寄希望于推进对英国宪法的深层研究。

本丛书出版仰赖中国政法大学制度学研究院科研资助,幸得法律出版社法治与经济分社支持,一批青年学者勠力同心,在这个“不发表就出局”的时代,不计报酬,不求绩效,倾心译事。凡此奉献精神,皆令人感念至深。

期待学界同仁能不吝珠玉,在本丛书选题、翻译质量等方面直言不讳,共助这份微小但并非无价值的事业。

2020 年 5 月 16 日于北京

前 言

英国1998年《人权法》,曾经被我视为"英国式的妥协"之典型一例("英国式的妥协"这一提法来自一位不愿透露姓名的人,尽管这一提法,既没有说明苏格兰、威尔士和北爱尔兰是否也表露了妥协的意愿,也无法说明它们是否也有需要做出妥协的表示)。妥协旨在调和,既要给予人权更有力的保护,又能够达到坚守议会主权之目的。然而,如同许多妥协一般,这一妥协远远不被各方所看好,《人权法》究竟为何要妥协自始就受到质疑。对那些主张强化宪法保护人权的支持者来说,如果法院能够推翻侵犯人权的立法,议会主权就将成为一件不值得以人权妥协为代价之过气物件。但对那些议会主权的支持者而言,即使法院仅仅是声明立法与《欧洲人权公约》相冲突，也已经是将过大的权力援以法院之手了。

写作本书，意在探讨议会主权和《人权法》的关系问题。我将从下列假设开始分析，即给予人权更有力的宪法保护，不可能不削弱戴雪的议会主权之宪法原则。但本书认为，戴雪的议会主权理论与对人权的强保护是相容的，甚至可提供比《人权法》更强的保护。首先，从戴雪的解释原则来看，适用解释原则可以创设一种“刚性效力”（entrenchment effect），当制定法条款间存在冲突可能时，通过对解释原则的一种创造性使用，避免这种冲突。也就是说，事实上制定法中新的条款并不能推翻旧有条款。其次，通过对承认规则的修正，人权原则可以更具刚性，尽管事实上这种刚性很难实现。

基于强化宪法保护人权是具有可能性的这一前提，本书将分析《人权法》是否应当予以修改的问题。我将通过分析从英国《人权法》中寻找权利保护模式是否具有正当性，证明《人权法》应给予更强有力之保护。我认为《人权法》可以为保护权利提供一种民主对话模式，因此应受到保护。而且，我在本书中将提出一种模式，那就是立法者和法院应当依据《人权法》之要求行使权力，以实现这种对话。

最后,本书将探讨更为深层的一个问题:戴雪议会主权理论是否值得坚守?我认为,与自我限制性议会立法至上(self-embracing parliamentary legislative supremacy)相比,戴雪的法治原则和基于《人权法》对权利保护的民主对话模式更具共性。戴雪持续性议会立法至上(continuing parliamentary Legislative supremacy)的法治原则,坚守了机构之间相互尊重的模式,这种模式给予了我们议会民主更多的正当性和稳定性。

在此,我要对很多人表达我深深的谢意。特别要感谢尼克·巴伯(Nick Barber)、弗农·博格达诺(Vernon Bogdanor)和托马斯·弗隆(Tomas Furlong),他们既通读了我的书稿,又提出了极为有益的真知灼见。尤其是托马斯·弗隆,在我3年的课程中,他耐心听取了我的想法并予以指导,而且在本书出版的最后环节给予了关键性的专业帮助。我还要感谢理查德·艾伯特(Richard Albert)、理查德·丹伯里(Richard Danbury)、朱莉·迪克森(Julie Dickson)、帕夫洛斯·伊勒夫斯亚迪斯(Pavlos Eleftheriadis)、汤姆·希克曼(Tom Hickman)和丹尼·尼科尔(Danny Nicol),他们在本书出版的不同阶段,对本书的一个或多个章节进行了认真阅读并给出有益见解。本书的出版极大得益于艾伦·博格(Alan Bogg)、艾琳·卡瓦纳(Aileen

Kavanagh)、伊恩·利(Ian Leigh)、罗杰·马斯特曼(Roger Masterman)和加文·菲利普森(Gavin Phillipson)与我对书中观点的研讨。我也非常感谢艾伦·博格为我在赫特福德(Hertford)学院提供了一个便利的环境并成为我亲密的同事——特别是2008年在夏季学期(Trinity Term)接管本书编辑之时。我也要感谢赫特福德和默顿(Merton)法学院的学生,以及在民法学士学位(BCL)* 宪法理论课上的所有参与者(我想列出他们所有人的名字,但这样可能导致前言长于整本书的内容),感谢他们的批评、宽容、耐心及建议。我也非常感谢哈特出版社(Hart Publishing)对本书出版的支持与帮助。

同时,也要感谢霍华德(D Howard)先生、尼科尔斯(M Nicholls)先生、沃尔斯滕霍姆(C Wolstenholme)先生,特别是贝拉米(M Bellamy)先生,没有他们,我就不会有精力和热情工作至深夜,并且让我能够在完成书稿的同时兼顾家庭。

我将最深的谢意致以邓肯(Duncan)和伊莫根(Imogen),并将此书献给他们。

---

* Bachelor of Civil Law. ——译者注

目　录

引用案例*

* 以下案例中字母"R"一般代表女王,在刑事诉讼中,"R"是指政府或者联邦。"Re"用于表示司法程序没有正式指定对方当事人,本书译为"有关"。——译者注

---

* 原文如此。本处应为年份,疑似原文有误。——译者注

** 列表里为"Steward"而非"Seward",与文中引用不符,经搜索,此处断定为作者笔误。——译者注

引用法条

引用法律文书

引用国际条约及协定

第一章　引　言 1

1998年《人权法》的制定,至少在一定程度上,强化了人权的宪法保护,但并没有妥协于议会主权的宪法基本原则。这一点在政府的白皮书中得到了清楚的表达,这一表达曾作为《人权法》的前期说明,[1]同时,议会平民院和贵族院分别在对《人权法》进行二读时,欧文勋爵(Lord Irvine)[2]和杰克·斯特劳(Jack Straw)[3]先生对法案所作的政府说明也表达了同样的意思。在整个《人权法》的立法过程中,坚持议会主权都不是问题,包括在贵族院委员会的冗长讨论阶段。坚守议会主权的重

---

〔1〕 Secretary of State for the Home Department, 'Rights Brought Home: the Human Rights Bill' (Cm 3782, 1997) paras 2.13 – 2.16.

〔2〕 Hansard HL vol 582, cols 1228 – 29 (3 November 1997).

〔3〕 Hansard HC vol 306, cols 769 – 70 (16 February 1998).

要性植根于保护民主。立法权力受制于选举权利,立法机关做出的立法选择基于选举的授权而合法。若任由司法机关推翻立法,那将是对民主制度的质疑和对立法民主程序的挑战,所以若是确保司法机关不得推翻立法,那么议会主权和民主制度就能够得以坚守。

因此,《人权法》不同于其他国家(如美国、德国)对人权的宪法保护,在这些国家,司法机关享有推翻与基本权利相抵触的立法条款的权力,喻之为对人权的"刚性保护",以区别于"柔性保护"。人权的刚性保护给基本权利以刚性保护:立法条款不得抵触基本权利,除非修改宪法,而修改宪法在实践中比制定普通法律[4]要难得多。《人权法》在草拟阶段,政府曾坚称,这种刚性保护既不可能,也不可取,因为这将会是一个宪法的重大变革,会颠覆议会主权原则。

2 而本书的意旨就在于对一些已达成一致的看法提出异议。不颠覆议会主权原则,又对人权加以刚性保护真的是不可能吗?如果的确如此,那么《人权法》是否应该加以修改以强化人权保护?还是我们应当坚守议会主权原则?回答这些问题,我们首

〔4〕 例如,许多国家的宪法要求立法机关 2/3 同意修改,而不是简单多数即可通过修改,有些国家的宪法则要求宪法的修改要经全民公决。

先需要检讨一下宪法的正统观念，拆解开这些正统观念间潜在的紧张结点，以重塑我们的理论视角。为此，我们要对戴雪的议会主权理论作一个总体分析，然后分析基于《人权法》自身可能削弱议会主权的主张，主权的正统理论中很显然的紧张点就会探查到了。对这些紧张点在其后的章节中将会更全面地进行分析。即使有难度，我也将阐述在不削弱议会主权的情况下，也可以强化对人权的保护。无论如何，应当捍卫《人权法》对人权的保护，这种保护通过立法机关和法院间机构内部的对话方式予以实现。而这种机构内部的相互尊重也提供了一个温和捍卫戴雪主权理论的方式。

第一节 议会主权的定义：戴雪的概念

戴雪关于议会主权的理论众所周知。议会主权是理解英国宪法的一把钥匙，这已成为一个不可动摇的公理：

> 议会主权原则不多也不少，那就是根据英国宪法，议会享有制定或不制定任何法律的权力；并且法律不

> 认可任何个人和组织有权凌驾于议会的法律之上,或有权废除议会制定的法律。[5]

议会主权蕴含两层含义:一层为作为法律的"积极意义"(positive aspect):议会可以制定任何它意欲制定的基本法律。有一个例子可以说明这点,如果议会想要制定一部屠杀所有蓝眼睛婴儿的法律,那么它可以制定。而另一层是迥然不同的"消极意义"(negative aspect):如果议会制定了一部屠杀所有蓝眼睛婴儿的法律,那么,无论是法院还是其他任何组织或个人都不可以质疑这部法律。换言之,一旦这部法律生效,法院只能解释并适用这部法律。[6]

3 议会主权还应从下面 3 个角度作进一步的分析。第一,在戴雪看来,"议会"一词与"君临议会"(Queen in Parliament)息息相关。因此,戴雪并不是指单独的威斯敏斯特主权或平民院主权,而是指平民院、贵族院和君王共同立法,共同享有主权。

---

〔5〕 AV Dicey, *An Introduction to the Study of the Law of the Constitution*, 10th edn(London, Macmillan, 1959)39 – 40.

〔6〕 J Goldsworthy, *The Sovereignty of Parliament: History and Philosophy* (Oxford, Clarendon Press, 1999) 10. 戈氏认为,消极意义来自积极意义,议会主权总而言之就是指议会有制定或不制定任何法律的权利。

第二,尽管戴雪认为没有对议会立法的法律限制,但并不认为议会立法的权力是不受任何限制的。内部和外部的限制也能够约束议会立法事项。内部限制就是那些来自立法者个人性格的限制。比如,可能正是议会中女王的道德良知,使那部屠杀所有蓝眼睛婴儿的立法不能得以通过:这种法律的确有可能在法律上通过,但可能性是微乎其微的。外部限制则来自那些经由议会管辖的人,如果议会通过了一部法律,允许屠杀蓝眼睛的婴儿,那么民众可能奋起反抗,或者拒绝服从法律。其结果是,议会考虑到这些挑战其权威的可能因素,就会放弃通过这样一部荒谬的法律了。[7] 第三,戴雪认为,议会制定法律的权力受主权性质本身的限制:议会不能制定一部约束其继任者的法律。如果1990 年的议会通过了一部法律,旨在约束未来 1997 年经选举产生的议会,那么这个后来的议会将失去制定任何法律的自由。因此,1997 年的议会应当享有一种权力,即废除 1990 年议会加诸其身的制定法律权力的法律限制,以确保议会超乎一般的万能立法权力。[8]

---

〔7〕 Dicey, above n 5, at 76 – 84.

〔8〕 Ibid, at 67 – 8.

第二节　1998年《人权法》与戴雪议会主权理论的相容性

《人权法》的目的在于为人权提供保护，但并不挑战戴雪的议会主权概念。[9] 这一目的通过《人权法》第3条和第4条得以实现。正如第3(1)条之规定：

> 一级立法和附属立法的解释与适用必须尽可能地与《欧洲人权公约》保持一致。

但同时《人权法》第3(2)(b)条规定，任何解释不得影响任何不一致的一级立法的法律效力、一级立法的继续运作和实施。当对一级立法的解释与适用无法和公约权利一致时，第4(2)条
4 规定，高等法院和高等法院以上的法院“可以作出一个不一致

---

[9] Hansard HL vol 582, col 1229 (3 November 1997). This view was reiterated by the Government in debates in the House of Commons. See in particular, Hansard HC vol 306, cols 771; 782; 790 and 858 (16 February 1998).

的申明”。第4(6)(a)条则又规定,任何不一致的申明“不得影响相关规定条款的法律效力、继续运作和实施”。

简言之,尽管法院可以解释立法以使其与《欧洲人权公约》保持一致,但法院不能质疑或废除与《欧洲人权公约》不一致的立法。即使法院发出了一个不一致的申明,该法律仍然具有法律效力,并与其他法律的适用别无二致。并且,《人权法》第6(3)(b)条明确规定,议会和那些“履行与议会相关职能”的主体不属于第6条所规定的“公权力机关”,这就很清楚地表明议会无须承担《欧洲人权公约》所规定的法律责任,即履行职责的行为方式和《欧洲人权公约》保持一致。用戴雪的话来说,就是议会在法律上是自由的,它可以制定任何法律,即使所制定的法律与《欧洲人权公约》是相冲突的。欧文法官在对《人权法》实施的头两年进行评估时,也重申了这一点。[10]

尽管如此,人们还是怀疑1998年《人权法》和戴雪议会主权概念能否相容。其中存在潜在冲突的3个主要源头并未得以消除。

第一,欧文法官所强调的只涉及《人权法》第3条和第4

---

〔10〕 Lord Irvine of Lairg, 'The Impact of the Human Rights Act: Parliament, the courts and the executive' [2003] *Public Law* 308, 309 – 10.

条。然而,《人权法》的其他条款也对戴雪的议会主权概念构成挑战,如法律的第 19 条,可以理解为规定了出台有效法律的新方式和新形式。该法第 10 条则规定了一个暗含的亨利八世条款,根据该条的规定,政府部长有权制定修改一级立法的委托立法,即使这一级立法是在 1998 年《人权法》生效后制定的。

第二,1998 年《人权法》属于宪法性法律行列。唯有如此,它才区别于其他法律,将受不同对待,特别是涉及其条款规定的废除方式。

第三,《人权法》催生了一个议会和法院之间的宪法对话模式,该模式事关《欧洲人权公约》与现存的、未来的立法间的相容问题。事实上,据此,更充分证明了这样一个论断,即英国宪法是一个"二元"或者"两极"主权的最佳模式——主权并不由议会独享,而是由议会和法院共享。

下面将分析一下对戴雪议会主权概念的直接与间接挑战。直接挑战蕴含在《人权法》第 19 条和第 10 条,以及《人权法》属于宪法性法律的判断。这些挑战导致法院不得对《人权法》适用默示废止规则(doctrine of implied repeal),即只能通过明示废除的方式(与默示方式相反),从而有效巩固了这些条款,使这些条款不易被修改。

间接挑战引起了这样的质疑:英国宪法是否可以具有这样的可能性,坚持或应当坚持戴雪议会主权的概念。将《人权法》界定为宪法性法律可能对戴雪有关法律不分层级的学说构成挑战,“二元”或“两极”理论则因为增强了法院在解释立法中的作用,挑战了现实中戴雪议会主权的概念。

一、《人权法》第 19 条:方式和形式的挑战

《人权法》第 19 条规定,政府部长提出立法议案时,需要“作出一个基本意思,即他认为法律案的条款与公约权利相一致的申明”〔11〕或者是“作出一个这样的说明,即尽管他不能做出一个法律案与公约权利相一致的申明,但政府期望议会能够推进法案”。〔12〕 第 19 条可以解释为,规定了制定一个有效的法律的方式和形式要件。〔13〕 这种要件的问题是,它设定了法律如何才能有效的规则,从而使一个先在的议会可以约束一个后来的议会。该主张认为,如果一个法律没有依照《人权法》第 19 条关于申明的规定,那么这个法律就会被视为无效法律。如果确

---

〔11〕 Human Rights Act 1998 s 19(1)(a).

〔12〕 Human Rights Act 1998 s 19(1)(b).

〔13〕 D Feldman, 'The Human Rights Act 1998 and Constitutional Principles' (1999)19 *Legal Studies* 165,184 -5 and N Bamforth, 'Parliamentary Sovereignty and the Human Rights Act 1998' [1998] *Public Law* 572.

实出现了这种情况，那么法院可以废除这项没有依据第 19 条规定作出申明的无效法律。这仅仅是对戴雪议会主权概念的潜在挑战。只有在法院承认第 19 条修改了有关法律有效性的定义并因此准备推翻不符合第 19 条规定的立法时，我们才可以认为第 19 条削弱了议会主权原则。

对《人权法》第 19 条的解释也将削弱另一条基本宪法原则，[14]“议会特权”(parliamentary privilege)原则，根据这一原则，法院不得质疑议会的立法程序。[15] 因此，它限制法院在一定程度上决定一个制定法是否有效。也就是说，法院有权决定一个制定法是否为议会的立法，[16]但仅限于检视议会卷宗的权
6 力。[17] 如果一个议会的制定法包括了一个申明，该法律的制定已得到了议会平民院、贵族院(或者根据 1911 ~ 1949 年《议会法》有关条款的规定)和君王的同意，那么这部法律会被法院认定为一项有效立法。若超出此限，如进一步主张认定该法律的

---

〔14〕 Bamforth, ibid, at 579 – 82.

〔15〕 Bill of Rights 1689 art 9.

〔16〕 *Prince's Case* 8 Cook Reports 1a, 77 ER 481 and *Jackson v Attorney General* [2005] UKHL 56, [2006] 1 AC 262.

〔17〕 *The Proprietors of the Edinburgh & Dalkeith Railway v Wauchope* (1842) 8 Cl & Fin 710, 8 ER 279.

制定是出于欺骗动机，就是对议会立法程序的质疑，也就是对议会特权的宪法原则的侵害。[18] 因此，即使《人权法》第 19 条可以解释为议会立法的方式和形式的要件，法院也只能决定政府在立法时是否依照《人权法》第 19 条的要求作了申明，以确保议会特权的原则。

二、《人权法》第 10 条：对亨利八世条款的挑战

《人权法》第 10 条规定了行政机构改变立法的一个方法，该方法对行政机构而言既有力又非常方便。该条款授权行政机构通过授权立法修改一级立法，以确保立法与《欧洲人权公约》的一致。可见，这是一个亨利八世条款之例。

这里的亨利八世条款既有溯及力也有预设力。* 一个有溯及力的亨利八世条款授权行政机关制定委托立法，推翻或修改一级立法，即使该立法制定于包含有亨利八世条款的《人权法》之前。[19] 而一个有预设力的亨利八世条款将使行政机关能够

---

〔18〕 *British Railways Board v Pickin*[1974]1 AC 765.

* 亨利八世条款的预设力是指行政机关的委托立法可以限制未来议会，与该条款的溯及力相对。——译者注

〔19〕 因此，如果《人权法》第 10 条包含追溯性的亨利八世条款，则意味着第 10 条只能用于推翻 1998 年《人权法》通过之前的立法。到 2000 年 10 月 2 日，1998 年《人权法》第 10 条生效。

推翻或修改任何议会一级立法，即使是那些委托立法制定后出台的议会一级立法。

对《人权法》第 10 条更好的理解是，视其为一个有预设力的亨利八世条款。该条款的字面并没有指出只有溯及力。相反，该条款赋予政府部长极为宽泛的权力，他可以修改那些被申明与《欧洲人权公约》不一致的法律，[20]也可以修改那些看起来与欧洲人权法院判决不一致的法律。[21] 只要具有“令人信服”的理由，随时可以运用《人权法》第 10 条的有关程序规定。[22]而“令人信服”的情形修改可能出现在制定于 1998 年《人权法》之后的相关法律中，也可能出现在 1998 年《人权法》之前已经生效的立法中。对 1998 年《人权法》立法目的的分析，将进一步扩展对第 10 条的解释范围。这一条款的意图正是要设置一个用于修改与《欧洲人权公约》相抵触立法的机制，而不论这些
7 法律的制定是在 1998 年《人权法》之前或之后。如果可修改的立法仅局限于那些《人权法》通过前或实施前制定的法律，那么第 10 条的目的就会大打折扣。

---

〔20〕 Human Rights Act 1998 s 10(1)(a).

〔21〕 Human Rights Act 1998 s 10(1)(b).

〔22〕 Human Rights Act 1998 s 10(2).

而第 10 条如果被视为一个有预设力的亨利八世条款,那就会引发与戴雪议会主权概念的冲突问题。这是因为有预设力的亨利八世条款会和议会主权的另一个方面——默示废止[23] 发生冲突。我们可以借用一个例子来充分说明这点。为简单起见,让我们假设一下,1998 年《人权法》第 10 条是一个独立条款(standalone provision),它仅规定了政府各部可以通过制定委托立法,以修改那些与《欧洲人权公约》相抵触的立法。[24] 2008 年,议会通过了蓝眼睛婴儿的立法,允许屠杀蓝眼睛婴儿。但由于公众的激烈反对,议会被解散,重新举行了大选。新的内政部长期望使用《人权法》第 10 条,制定委托立法以推翻 2008 年议会通过的蓝眼睛婴儿法。

在这个例子中,有预设力的亨利八世条款可以以两种方式关涉到默示废止。第一种观点认为,2008 年的蓝眼睛婴儿法默示废止了第 10 条的规定,这使第 10 条不能再被用来修改 2008 年的议会立法。所以,2008 年蓝眼睛婴儿法的制定,违反了公

---

〔23〕 See, NW Barber and AL Young, 'The Rise of Prospective Henry Ⅷ Clauses and their Implications for Sovereignty' [2003] *Public Law* 112.

〔24〕 过于简化的规定避开了由于第 3(1)条文本导致的困难。第 3(1)条的影响及默示废止内涵见 ch 2, pp 52 – 4。

约权利,从而在《人权法》与 2008 年的法律之间形成冲突,其结果就是新法默示废止了旧法。[25]

第二种观点认为,《人权法》与 2008 年的蓝眼睛婴儿法之间并没有冲突。因此,《人权法》第 10 条仍具法律效力,并能够使 2008 年蓝眼睛婴儿法与《欧洲人权公约》相一致。2008 年议会的蓝眼睛婴儿法与政府部长使用有预设力的亨利八世条款之间没有矛盾,因为这部法律不仅没有规定它不得被政府根据《人权法》第 10 条通过委托立法修改,而且没有任何涉及亨利八世条款的内容。因此,根据第二种观点,与其将这一例子视为立法对根据第 10 条可进行修改的法律内容施加了限制,不如说这个例子反映了如果一级立法与公约权利相冲突,那么根据《人权法》第 10 条有预设力的亨利八世条款,可以修改该法。

《人权法》第 10 条只有以上两种观点发生混淆时,才可能与戴雪议会主权的概念产生矛盾。即一方面认为默示废止规则允许新法部分地、默示废止了有预设力的亨利八世条款,另一方
8 面又认为《人权法》第 10 条可以被用于推翻之后制定的所有立法。这在逻辑上是行不通的。如果 2008 年蓝眼睛婴儿法包含

---

〔25〕 在先前的一篇文章中(见前注 23),冲突指向规范冲突模式(解释 1)与主题冲突模式(解释 2)的对比。进一步的讨论参见 ch 2,pp 45 –9。

有默示废止《人权法》第 10 条的内容,那么《人权法》第 10 条就不能用于推翻 2008 年蓝眼睛婴儿法的条款。[26] 进一步而言,在索博诉森德兰市政局案(以下简称索博案)判决之后,法院不可能对蓝眼睛婴儿法和《人权法》第 10 条的规定作出相冲突的解释。[27]

索博案涉及的是 1972 年《欧洲共同体法》第 2(4)条中规定的有预设力的亨利八世条款。这一条款是 1994 年《统一计量条例》(Units of Measurement Regulations 1994)的立法依据,根据这一法律的规定,大宗货物买卖应主要使用公制而不是英制。这一规定和 1985 年《度量衡法》第 1 条相抵触,1985 年的法律明确规定,公制和英制在大宗货物买卖中都为合法计量单位。买卖当事人的律师主张,1985 年《度量衡法》第 1 条的相关规定,默示废止了 1972 年《欧洲共同体法》第 2(4)条规定的有关内容。它是对《欧洲共同体法》第 2(4)条规定法律效力的一个实质性限制,因此,不能再用于修改英制和公制都可以为合法计

---

〔26〕 费尔德曼(Feldman)似乎采纳此种立场。参见 Feldman, above n 13, at 189。

〔27〕 [2002] EWHC 195 (Admin), [2003] 1 QB 151.

量单位的规定。[28] 但是,劳斯(Laws)法官并不支持这一主张,他认为:

> 一个赋予亨利八世条款修改未来立法权力的规定,和任何未来立法的条款之间并不存在冲突。[29]

他之所以这样认为,是因为律师关于1985年《度量衡法》和1972年《欧洲共同体法》间存有冲突的解释,挑战了戴雪议会主权的概念。如果通过限制议会制定一个有预设力的亨利八世条款对议会的权力加以限制,那就相当于允许本应通过适用亨利八世条款被修改的法律,反而推翻了亨利八世条款。[30] 而议会至上只能在这样的情况下才能得以坚持,即议会可以授权行政机关通过亨利八世条款推翻议会过去和未来的立法。

同理,1998年《人权法》第10条中有预设力的亨利八世条

〔28〕 Ibid, at[37] – [49].
〔29〕 Ibid, at[50].
〔30〕 Ibid, at[51].

款,也并不会削弱议会主权的原则。[31] 索博案得出了这样的结
论,未来的立法并不能默示废止有预设力的亨利八世条款的规
定,但为什么适用《人权法》第 10 条却得不出同样的结论,就很 9
难说得通了。

三、一个宪法性法律?

对戴雪议会主权理论的进一步挑战,来自将 1998 年《人权法》归类为宪法性法律。[32] 戴雪议会主权概念认为法律没有层级,所有的法律都可以由立法或明示或默示地推翻。将一些法律划分为"宪法性"法律,这显然意味着,这些法律不同于并高于普通法律。特别是,宪法性法律不能通过如其他法律一样的方式被推翻。区分宪法性法律和普通法律最具说服力的论断,可以说来自劳斯法官在索博案中的判决,他力主宪法性法律不能被默示废止。[33]

劳斯法官认为,"宪法性"法律,"不妨说,从根本上搭建起

---

〔31〕 有预设力的亨利八世条款向戴雪议会主权概念提出了不同的挑战。根据该条款的规定,授权行政机关享有质疑、搁置和修改由议会制定的法律的权力。然而,这项权力也可由议会通过明示或默示废止亨利八世条款的方式而废除。

〔32〕 *Thoburn v Sunderland City Council*, above n 27, at[62].

〔33〕 Ibid, at[63] - [67].

公民和国家的法律关系的基本结构”,[34]或者说是“扩展或缩小了我们现在视为基本宪法权利的范围”。[35]《人权法》满足了这两个要求,通过限定公共权力违反公约权利的极限,[36]以及议会立法违反公约权利的极限,[37]建构了个人和国家的法律关系,对公约权利的法律保护扩大了我们视为基本宪法权利的范围,在一定的情况下,使个人能够在英国法院得到公约权利的保护。[38]

如果我们认同劳斯法官的观点,就会被视为主张《人权法》与戴雪的议会主权概念相冲突。与其他法律不同,《人权法》需要一个特别的修改程序,即需要明示的而不是默示废止。当法院解释宪法性法律及其修正案时,就会出现特殊程序和明示废除问题。基于宪法性法律的重要性,劳斯法官主张,新法对宪法性法律的修改,只能在法院确认议会的修改是出于“实际——不是臆想的、建构出的、假设的——目的”时才能对实质性法律

〔34〕 Ibid, at[62].

〔35〕 Ibid.

〔36〕 Human Rights Act 1998 s 6.

〔37〕 Human Rights Act 1998 s 3 and s 4.

〔38〕 有关对劳斯法官对宪法性法律分类之广度的批评,参见 G Marshall, 'Metric Measures and Martyrdom by Henry Ⅷ Clause' (2002) 118 *Law Quarterly Review* 493。

进行修改。[39] 劳斯法官的结论是“新法中有明确的文字表 10
述”，[40]或“文字规定是如此的明确以至可以推断出一个确实的、没有争议的修改决定时”，[41]才能够废除一个宪法性法律，而“默示废止不符合这个标准”。[42] 我们是否认同劳斯法官的主张，取决于我们是否认可默示废止规则的范围和该规则在《人权法》第3(1)条中的适用。这一问题我们将在第二章中进一步分析。

四、对话和二元主权

《人权法》第3条、第4条建构了一个议会和法院间的民主对话机制。[43] 当法院根据《人权法》第4条的规定，做出一个立法与《人权法》不一致的宣告时，这个对话就不可回避了。这种对话机制是对议会的一个提示，就是说议会的立法尽管仍然有效，但其中的规定与公约权利的规定是抵触的。不一致的宣告

---

〔39〕 *Thoburn v Sunderland City Council*, above n 27, at [63].

〔40〕 Ibid.

〔41〕 Ibid.

〔42〕 Ibid.

〔43〕 See, R Clayton, ‘Judicial Deference and “Democratic Dialogue”: the Legitimacy of Judicial Intervention under the Human Rights Act 1998’, [2004] *Public Law* 33 and T Hickman, ‘Constitutional Dialogue, Constitutional Theories and the Human Rights Act 1998’ [2005] *Public Law* 306.

会促使立法机构就是否回应和如何回应法院的行为进行辩论，议会将采取以下方式予以回应：修改立法以确保法律与公约权利规定相一致，或者提出一个保留法律规定文本不予修改的辩护理由——尽管法律与公约权利规定不一致。这种对话机制也应用于根据《人权法》第3条的规定，法院对法律进行公约一致性(Convention-compatible)解释时，这时法院就向议会做出了一个不同的提示：议会的法律与公约权利规定显然有所冲突，但法院可以适用公约一致性解释补救这种不一致。如果议会反对这一补救，那么修改法律的大门仍然向议会敞开，议会需以明确的规定，否决法院做出的公约一致性解释的权能。[44] 尽管对这些情形是否可准确地视作民主对话模式仍存有争议，[45] 但从议会
11 对不一致宣告的回应足以看出，《人权法》第3条和第4条催生

〔44〕 Clayton, ibid, at 46 and Hickman, ibid, at 326 – 8.

〔45〕 See, eg the Hogg, Bushell and Manfredi exchange: PW Hogg and AA Bushell, 'The Charter Dialogue between Courts and Legislatures (or perhaps the Charter of Rights isn't such a bad thing after all)' (1997) 35 *Osgoode Hall Law Journal* 75; CP Manfredi and JB Kelly, 'Six Forms of Dialogue: a Response to Hogg and Bushell' (1999) 37 *Osgoode Hall Law Journal* 513 and PW Hogg and AA Thornton, 'Reply to "Six Degrees of Dialogue"' (1999) 37 *Osgoode Hall Law Journal* 529. See also L McDonald, 'New Directions in the Australian Bill of Rights Debate' [2004] *Public Law* 22 and J Waldron 'Some Models of Dialogue between Judges and Legislators' (2004) 23 *Supreme Court Law Review* (2d) 7.

了一个议会和法院这些国家机关之间的对话机制。

如果议会立法的条文与公约权利的规定抵触,但当法院既不能质疑也不可推翻议会的立法时,则这种保护公约权利的方式,可以说是坚持了戴雪议会主权的概念。然而,悖论则是由《人权法》第3条和第4条所引发的对话,削弱了戴雪议会主权概念的确切性。仅视议会主权为英国宪法的基石,是对议会和法院内部互动方式的误解。除法克特塔梅(Factortame)案的判决以后对英国法和欧盟法关系的讨论,以及权力下放的各种法律颁布之后[46]对威斯敏斯特议会的传统限制的讨论外,这进一步引发了评论者们针对戴雪议会主权概念的确切性的挑战。

二元或两极主权[47]的提出早于《人权法》的制定,二元主权说认为戴雪议会主权的概念并没有将法律主权授予议会本身,而是经由议会制定的法律规定所表达的议会意愿来解释议会立法是法院而不是议会的职责。因此,对主权的最佳解释就是由

〔46〕 M Elliott, 'Parliamentary Sovereignty and the New Constitutional Order: Legislative Freedom, Political Reality and Convention' (2002) 22 *Legal Studies* 340; V Bogdanor, 'Our New Constitution' (2004) 120 *Law Quarterly Review* 242, 249.

〔47〕 一些学者的观点更加前沿,他们认为"主权"一词不合适,最好将议会与法院之间的关系理解为"协作企业"(collaborative enterprise)。参见 PA Joseph, 'Parliament, the Courts and the Collaborative Enterprise' (2004) 15 *King's College Law Journal* 321, 333 – 5。

议会和法院共享。如果议会想要表达一个特别的目的,那么议会必须用文字作出这样的规定,而这个规定能够被法院认定为正是表达此特定目的的。〔48〕

《人权法》可以进一步证明这一主权概念。首先,《人权法》创制了一个法院和议会机构间的对话机制,显示了这两个机构间的互动关系。其次,这部法律赋予了法院宽泛的解释权力,强化了议会的意愿要通过法院的解释得以渗透。〔49〕

12 **五、评价**

1998 年《人权法》对戴雪持续性议会立法主权的潜在挑战导致的两个紧张的因素,将构成本书进一步分析的基础。第一,我们需要分析默示废止规则和持续性议会立法主权的相关性,这种相关性本身取决于与立法解释原则的关系。这个分析将有助于决定《人权法》第 10 条和将《人权法》划分为宪法性法律引

---

〔48〕 S Sedley, 'Human Rights: A Twenty-first Century Agenda' [1995] *Public Law* 386, 389; S Sedley, 'The Common law and the Constitution' in MP Nolan and S Sedley, *The Making and Remaking of the British Constitution* (London, Blackstone Press, 1997) 36 – 7; TRS Allan, 'The Constitutional Foundations of Judicial Review: Conceptual Conundrum or Interpretative Inquiry' (2002) 61 *Cambridge Law Journal* 87, 102; TRS Allan, *Constitutional Justice: A Liberal Theory of the Rule of Law* (Oxford, Oxford University Press, 2001) 205 – 7.

〔49〕 TRS Allan, *Constitutional Justice: A Liberal Theory of the Rule of Law*, ibid, at 225.

发的挑战的强度，还有来自二元或两极主权引发的挑战。第二，我们需要分析英国宪法如何确定有效立法的途径，这将有助于判定《人权法》第19条是否构成了对议会主权的挑战。

1. 主权、解释和默示废止

通过对默示废止规则范围的进一步分析可以确定，《人权法》第10条并未构成对持续性议会主权的挑战。第二章将提出这样的观点，默示废止规则仅仅适用于某一法律与后法中的某一法律条款明确抵触的情形。一个在《人权法》之后出台的立法与公约权利规定不一致，并不和《人权法》第10条冲突，因为第10条并不限制行政机关修改立法的范围。相反，一部法律中的条款，可以经由行政机关，根据《人权法》第10条规定的有预设力的亨利八世条款进行修改，这是对这种不冲突的最佳说明之一例。[50]

当然，这并不意味着《人权法》第10条不可能被默示修改。这仅仅指一个与公约权利不一致的英国一级立法，虽然在1998年《人权法》之后出台，但并不与第10条赋予的行政机关通过委托立法推翻一级立法的权力相抵触。《人权法》第10条仍然

〔50〕 See ch 2, pp 46 –7.

可能被未来的立法默示废止,当该立法中的条款与行政机关的权力相抵触,行政机关的权力是根据《人权法》第 10 条规定的有预设力的亨利八世条款享有。例如,如果在《人权法》生效后的一个议会立法中规定,对该法律条款的修改只能由立法机关进行,而不得经由行政机关的委托立法进行,或者它干脆规定无须考虑《人权法》第 10 条的规定,就会出现上文中所说的新的议会立法和《人权法》第 10 条相抵触的情况。

本书在第二章中也将讨论,默示废止条款最好理解为一种例外,即新法并不自动代替旧法的英国法传统被打破了。换言之,默示废止意味着新法自动废止旧法。解释原则的强有力作用在于,说明立法条款如何得益于刚性法律效力。刚性效力体
13 现在,从理论上看,法律规定条款能够被默示废止,但在实际上,法律条款的明确文字规定很难被默示废止。

本书还将分析劳斯法官在索博案中将 1998 年《人权法》定性为宪法性法律,并没有减损戴雪议会主权的理论。劳斯法官主张宪法性法律不得被默示废止。他在判决中指出,宪法性法律具有“刚性”,只能通过专门的方式才能修改;只能通过明示而非默示的方式废除。对劳斯法官在索博案中的主张的更好理解,关涉法院解释宪法性法律的方法。适用解释原则可以消

除宪法性法律和新法之间的潜在冲突。从这个意义上说,默示废止宪法性法律,事实上几无可能。

解释原则表明划分某些法律为宪法性法律也不需要挑战戴雪的议会主权理论。一部“宪法性”法律包含着宪法性原则,法院将竭尽全力保护其免受默示废止规则的不适当修改。它不是指某部法律对其他普通法律而言处于较高地位。两类法律的不同之处仅仅是一个程度问题,当然这有赖于是否能够充足地说明这样的假设,即议会并不希望制定与之前议会制定法相冲突的法律。

本书第四章将分析,划分法律为“宪法性”法律,契合了戴雪与议会主权相一致的法治原则,而远非抵触戴雪议会主权的理论。戴雪赞成法院应当解释立法以维护普通法原则,这种解释无须得到议会的赞同。〔51〕那些划分为“宪法性”的立法,正是那些需要法院竭尽全力予以保护的,极有可能包括普通法原则的法律内容。划分某些立法为“宪法性”法律,不需要挑战,事实上可能是对戴雪议会主权理论的支持。

法院对立法宽泛解释,以避免两个立法条款间的冲突,也可

〔51〕 Dicey, above n 5, at 413 – 14. See also ch 5, pp 136 – 7.

以说明为什么二元主权或两极主权并没有挑战戴雪的议会主权概念。戴雪议会主权的理论认可法院以不同于议会立法目的的方式解释立法，的确，法院应当在解释立法时确保普通法原则。[52] 然而，法院解释立法以维护普通法原则的权力是有限的，如果法院被要求修改立法，以确保立法与普通法原则相一致时，那么就越界了。法院不得质疑法律的有效性（validity），同
14 时法院也必须确保新的立法推翻旧的立法中存有冲突的条款。只有当两极主权理论要求法院推翻与普通法原则相抵触的立法，或者坚持旧的立法，即使旧的立法和新的立法相抵触时，这种对法院角色的定位才会挑战戴雪的主权概念。这只会发生在无法区分“解释”与“废止”之时，即只有赋予法院的解释超越了法律文字含义或者立法意图时。本书将在第二章中指出这并非不可避免。[53]

2. 立法合法效力的定义

《人权法》第 19 条是对戴雪主权概念最具隐忧的一个规定。如果我们将第 19 条作为事关立法方式和形式规定要件的条款，如果法院推翻了没有根据该法第 19 条规定作出声明的立

---

〔52〕 Ibid.

〔53〕 In particular, see pp 49 – 61.

法,那么,挑战戴雪议会主权概念的充足证据就可能跃然而出了。戴雪理论主张议会不得约束其后任议会。如果新的立法未能满足第 19 条的要件规定而导致被推翻,那么,这可以说是一个现任议会明白无误地约束了后任议会之范例。

本书第三章将分析这种观点是对戴雪理论关键要素的误解。戴雪并不认为后来的议会的立法能力受到一些因素的约束是不可能的。恰恰相反,他只是认为,后来的议会不能受先前议会的行为约束,或者说现任议会的行为不能约束其后来的议会。如果议会可以自行立法制定出法律,规定议会能够修改具有法律效力的立法要件,那么第 19 条可以被视为确立了未来的议会立法有效的方式和形式要求。然而,如果仅仅是议会制定法律并不能决定立法的法律效力,那么,即使法院因为该立法没有根据第 19 条规定作出声明推翻这项立法,也不能因此认为是对戴雪议会主权概念的违背。法院的判决,因立法未满足第 19 条规定的条件而不予认可该立法,可以解释为是对承认规则(rule of recognition)的部分修改。

承认规则在这样的情况下会有所改变:构成承认规则的政治事实发生了变化,而且政治系统中的官员接受了这个变化了的新的承认规则。[54] 改变承认规则的事实体现在意在改变承认规则的立法中，继而被司法机关所接受。《人权法》第 19 条是立法者自己制定的，同时伴随行政机关对第 19 条规定的条件的持续遵守，这可以被视为政治事实发生改变的证据，这个改变关涉制定有效法律的方式要件问题，它已被立法机构和行政机构所接受。司法机构拒绝认可没有根据第 19 条规定制定的法律的合法效力，则可以视为接受政治事实改变的证据，是对第 19 条中包含的法律具有效力的要件规定的接受。如果法院拒绝认可立法的法律效力，那么也就是法院并不认可 1998 年的立法机构有权通过制定法律，对其后的立法机构在立法的形式和方式方面进行约束。相反，如果法院接受了承认规则的改变，那么法院就会以其法律判决认可政治事实的改变。

第三节　主权的深入分析

戴雪主张，从法律上看，议会立法的权力没有限制，但议会

〔54〕 See ch 1, pp 23 – 4.

不能约束其继任者,因此,法院或其他机构不得质疑或推翻合法有效的法律。然而,戴雪议会主权这个看似简单的论断则包含了一系列的假定条件。只有当我们深入分析这些假定条件,并从对主权的进一步分析中探寻出其各侧的棱面,我们才能更全面地理解,在不减损戴雪主权概念效力的前提下,如何使公约权利在英国通过成文法得以保护,而且这种通过立法来保护公约权利是大家能够接受的事。

一、持续性议会立法至上

到目前为止,本章仍然提及的是"戴雪"的议会主权概念。下面我们将进一步讨论,"持续性议会立法至上"理论,而这是一种对戴雪理论的最好诠释。主权是一种被认为赋予某一机构的决定性权力,而这一机构在特定国家或法律制度中就被视为主权者。它意味着绝对的和不受限制的权力。据此,主权不能被分享。一个机构要么是主权者,要么不是主权者。基督教尊上帝为主权者,因为,根据基督教的信仰,上帝是无所不能、无所不知的。没有任何上帝不能行使的权力,也没有任何超越上帝的权力。

在戴雪的理论中,议会并不如同上帝一样全能。议会的主权内有限定,外受限制。即使议会可以制定具有合法效力的法律,以修改物理学的定律(laws of physics),要求英国割断与欧盟的紧密关系,或者要求屠杀蓝眼睛的婴儿。但实际上,对议会能不能实现这些目的是有争议的。议会权力会受到其他如自然、经济和政治的限制。承认这些限制和戴雪议会主权概念并
16 没有冲突,相反,这是对戴雪提出的议会主权的法律概念的认可。戴雪的理论是对议会立法权力法律限制之验证。

此外,就非法律限制(non-legal limits)而言,戴雪的主权概念对享有主权的立法者的权力提出了进一步的限制。议会不能约束其继任者,这一限制并没有挑战主权的绝对属性。相反,这是为任何主权者解脱窘境提供的一个途径。这个限制来自主权属性(nature of sovereignty)自身的限制。如果议会是主权者,可以根据它选择的任何事项进行立法,那么理所当然的就是,它可以享有限制自己制定法律的权力。但是,如果议会制定法律的权力可以顺理成章地得以限制,相应地,议会和继任的议会(future parliament)将不能从事某些行为。因此,继任的议会将不得享有制定它们想要制定任何法律的权力。为保证继任的议会保有制定任何法律的自由,就要给现在的议会施加限制。可见,无论从哪个方面看,都会有对主权者制定法律权威的限制——或者现在的议会不能约束继任的议会,或者继任的议会

接受现在的议会对其进行的限制。

主张议会不得约束其后的议会是对持续性议会立法至上理论的适用。理论上,它所关注的是每一个单独的议会。每一个议会作为主权者,制定法律的权力都是不受限制的,但现实中,议会为实现不受限制,它得限制自己,限制自己不得约束其继任者。与此相反的是,主张议会可以约束其继任者,是将议会视作长期存在的,一系列单独的议会构成了议会的整体。每一个单独的议会都可以限制它自己和它的继任者,也可以被它的前任所约束。然而,如果这些每一个单独议会的权力都被视为穿越时空,那么就不存在对主权者的限制了。这是坚持自我限制性议会主权(self-embracing parliament sovereignty)的理论。[55] 戴雪的理论是议会主权持续理论。戴雪主张对议会有所限制——议会不得约束议会的继任者——这是他所坚持的主权概念。

我们的分析说明了戴雪的主权理论最好解释为在法律上连续的议会主权理论。主权的绝对属性明显不同于具有相对性的至上(supremacy)概念。一个享有比任何其他机构更多权力的主体是享有主权者,它享有不受限制的,可以从事任何行为的权

---

〔55〕 这一概念源于哈特的分析,参见 HLA Hart, *The Concept of Law*, 2nd edn (Oxford, Oxford University Press, 1994) 146。

力。与此不同，一个主体“至上”，说明它的权力应在一定界限内运行，其权力的界限由其自己设定，但其一旦设定，则不受任
17 何其他机构的挑战。[56] 戴雪认为，他提出的是主权，[57] 然而，他的理论给主权者的权力施加了限制。首先，戴雪认为，议会不得约束其继任者。其次，戴雪认为，议会将面对政治和现实对其权力的限制，但他所提出的限制缺乏对议会权力的法律限制的分析。而且戴雪理论仅限于对议会的一种权力的分析——制定合法性立法的权力。

我们可以将戴雪主权概念从两个方面来界定：第一，如果我们将对议会权力限制的分析严格局限于在法律限制的角度，而不是非法律限制的角度，那么戴雪的理论可以视作一种持续性议会主权理论。第二，戴雪理论可以说是一种坚持持续性议会立法至上理论。之所以说他的理论是一种至上理论（而不是主权理论），是因为他认为议会制定法律的权力不得被法院质疑，但仍然为政治实践和社会现实所拘囿。

戴雪分类理论也可以视为一种持续性议会立法至上理论。

---

〔56〕 P Oliver, 'Sovereignty in the Twenty-First Century' (2003) 14 *King's College Law Journal* 137, 138 – 9.

〔57〕 Dicey, above n 5, at 39.

在本书的其余章节中,我们将继续对此进行分析。他的分类提供了一个更为现实的解释,尽管他认为议会制定法律的权力不受法律限制,而与其他权力相比,议会权力仍然受到其他的非法律形式的限制。这种分类为我们提供了一种方法论视角,以分析戴雪是如何证实他的持续性议会立法至上的概念。[58]

二、议会主权分析的不同角度

基于主权可以从不同方面进行分析的事实,我们将更加深入地分析戴雪主权概念的归类。戴雪在法律主权和政治主权之间划了一条清晰的界线,将他的理论定位于法律主权。他关注的是将现存持续性议会立法至上构建为一个法律事实的问题。[59] 法律主权由一项法律规则决定,该法律规则决定了议会制定法律的权力不受任何法律的限制,更不用说议会不具有约束其继任者的能力(inability)。

政治主权注重的是对政治形势的分析,寻求的是赋予持续性议会立法至上以正当性。主权属于议会,一个"具有最高意志且国内民众必须服从"的机构。[60] 赋予议会主权保证了选民

〔58〕 See, ch 4.
〔59〕 Dicey, above n 5, at 39.
〔60〕 Dicey, ibid, at 73.

的最高政治主权。通过君临议会的立法,至少从长远来看,是与
18 选民的意志相融合的。这种政治上的限制是对平民院的限制,平民院的议员至少从理论上而言,要按照他们选民的意愿作为。否则,选民会以一种更直接的方式实现其意愿,那就是最后的威胁——使议员在平民院的选举中落败。从法律的角度看,议会是主权者,但如从政治的角度分析,那么主权者就是选民而不是议会。[61]

戴雪关于政治和法律主权的区分并不关注对议会权力限制的属性,而只关注从哪个角度对主权进行分析。这一点可以在戴雪使用政治与法律主权的区分来捍卫其主权观,以免受奥斯丁主权理论的潜在抨击中看出。

奥斯丁的法理学理论将法律定义为主权者所发出的,并以强有力制裁为后盾的一系列命令。主权者,按其定义,是享有最高权力的主体。它不向任何主体负责,任何主体也不得推翻主权者的命令。尽管戴雪与奥斯丁理论有相同之处,但奥斯丁的学说将主权归于选民而不是议会。因此,很显然奥斯丁对主权的解释是对戴雪的挑战。戴雪通过指出奥斯丁的理论提出的是

〔61〕 Dicey, ibid, at 72 – 4. 有关这一理论的效力,无论是其理论正当性还是其对戴雪主权理论描述的准确性,可详见 ch 4, pp 96 – 103。

主权的政治观念,是从政治的角度而不是法律的角度对主权概念进行分析,从而回应了这一挑战。奥斯丁的理论基于对政治主权主体的认可,认为只有政治主权主体的命令才构成法律体系(legal system)。戴雪则认为政治主权者是选民,而议会是享有立法权力的主权者,这不仅是因为没有法律限制其权力,而且是因为法律本身宣称它对议会权力不得施加法律限制。戴雪是从法律角度对主权进行检讨,奥斯丁则是从政治角度分析了主权。[62]

洛克林(Loughlin)则质疑了戴雪法律与政治主权的划分。他认为,这种划分无法实现。[63] 洛克林主张,主权不可分割。因此,将法律主权给予议会,政治主权保留给选民是不可能的。如果选民是主权者,它必须授权给议会,令议会以自己的名义作为,从而将主权转手至议会。若如此,议会主权得以实现,议会可以制定不被法院挑战或质疑的法律。这时,选民已不再是主
权者,不得再控制议会。议会可以制定与选民意愿不一致的法 19
律。相反,选民可以只将有限的权力授予议会,即制定法律的权

---

〔62〕 Dicey, ibid, at 70 – 76.

〔63〕 M Loughlin, *Public Law and Political Theory* (Oxford, Clarendon Press, 1992) 146 – 9.

力,但只能根据选民的意愿。若如此,那么主权保留在选民之手,而议会不再是主权者。

然而,洛克林的分析误解了戴雪的理论,即使他对戴雪理论的质疑也是基于对主权的分析。正如我们前面所分析的,戴雪的理论最好理解为议会仅具有立法的至上性。议会享有立法不受任何法律限制的权力,这是一个法律概念。他认为,议会制定法律的权力,不受任何法律的限制是一个法律事实。即使我们坚持政治主权者(选民)只是授权议会根据他们的意愿作为,也不是对议会立法至上的挑战。议会仍然保有与选民意愿不一致作为的法律权力,选民只可通过下一次大选选出新议会成员,以彰显其主权。洛克林认为,戴雪在政治和法律主权之间划了一条分析界线,将一个主权主体分成了两个不同部分。但是,戴雪对政治主权和法律主权的区分,最好被理解为对主权进行分析的不同角度,而不是说有两个主权。[64]

对主权可从不同的角度进行分析,有助于对法律和政治主权之间的关系进行分析。以这种角度对主权进行分析,可以在尼尔·麦考密克(Neil McCormick)和特雷弗·艾伦(Trevor

〔64〕 这里需要注意的是,这是对戴雪的《英宪精义》一书中主权的分析的描述。正如稍后将要研究的,这是一种过度简化,参见 ch 4, pp 96 – 103。

Allan)的分析中找到。麦考密克认为,政治和法律是不同的概念,政治有关权力,法律涉及规范(normativity)。权力运作和规范问题在一般情况下互为关联,以使权力正常运行(如选民紧急投票,选出一个特别组成的议会,因为这个议会更可能以一种规范认可的方式行使权力)。进一步而言,规范取决于政治因素。法律决定不是在真空中制定的,它受政治因素影响。同理,法律和政治也是重叠的,正如我们前面讨论的法律主权和政治主权概念一样。[65]

艾伦认为,议会立法至上的存在,取决于对法律事实的准确描述。这个法律事实有其政治基础,关涉政治原则问题。立法至上归于议会,因其持有民主选举机构的认证。戴雪自我纠错的单一民主制(self-correcting unitary democracy)理论支持了这一分析。

戴雪认为,对主权权力的内在和外在的限制是一样的。因
此,议会享有立法权力合乎情理,据此,可以确保选民的政治主 20
权:议会制定的法律和选民意愿达成了一致。法院根据议会通过的立法的法律至上,保证了选民意愿被优先考虑。立法和选

〔65〕 N McCormick,'Beyond the Sovereign State'(1993)56 *Modern Law Review* 1,11-12.

民意愿之间的沟堑可能并未挑战这样的法律事实，即法院是否将主权给予了由议会通过的立法。然而，它却挑战了坚守议会立法至上的政治合法性（political validity），[66]这种对主权法律和政治角度关系的分析也诠释了洛克林的相对主权概念。[67]

因此，讨论主权，要区分从法律角度分析主权和从政治角度分析主权。然而，在戴雪关于法律和政治主权的区分中，存有一个更大的困惑：他既论证了议会立法至上的规范性，又提出了议会立法至上的实证分析（factual analysis）。持续性议会立法至上以自我纠错的单一民主制的功能予以证明。自我纠错的单一民主制通过认可选民的确享有改变议会组成的权力，得到事实上的支持，而艾伦、洛克林、麦考密克的上述观点，重在对议会主权的规范性进行诠释。这两种分析需要区别开来。

戴雪对议会立法主权法律原则的进一步分析，是从现存法律事实的一个方面展开的。他所分析的问题仅是议会不能合法地约束其继任者是否正确。但是议会主权的法律概念同样可以

---

〔66〕 TRS Allan, 'The Limits of Parliamentary Sovereignty' [1985] *Public Law* 614, 621.

〔67〕 M Loughlin, *The Idea of Public Law* (Oxford, Oxford University Press, 2003), 83 – 7.

基于对其他法律事实的分析。例如,从法律上看,其他机构是否能够限制议会制定法律的权力。两极或二元主权理论或许正合此意。这种理论以这样一种方法进行分析,法院通过解释立法条款的文字含义,解释了议会的意愿。赋予法院这一解释的权力,也可以说是给予法院权力,以限制议会的立法权。

我们可以相同的分析方法对其他宪法问题展开分析,这样就会对这一问题的角度有更好的理解,特别是惯例所起的作用。惯例对原则和规则并没有法律约束作用。有些惯例规制或限制着法律规定的权力(legal powers)行使的方式(manner),特别是惯例中包含那些与提交给君王御准法案有关的内容。从法律上来看,君王只需同意立法法案,以使法律能够合法制定。这意味着君王具有否决立法法案的法律权力。如果君王拒绝签署法案,那么该法案就不能在法律上视作有效的立法(validly- 21
enacted legislation)。但是,按照惯例,君王只能同意所有呈报给她的法案,或者说她的政府大臣会劝告她同意批准那些呈报给她的法案。[68] 由此可见,君王御准法律与否的权力,是从其享有法律权力的角度而言的。但从宪法实践的层面来看,君王拒

〔68〕 A Twomey, 'The Refusal or Deferral of Royal Assent' [2006] *Public Law* 580.

绝签署法律的这一权力则尚且存疑。法律权力与权力在宪法实践中是有区别的。

我们可以继续比较君王否决法律草案的权力和主权问题。尽管君王被惯例约束,但也有可能打破惯例对她行使法律权力的限制。但如果真如此,就会导致一定的后果。君王不仅要面对破坏惯例的指责,而且有可能承担因她的行为而挑起的立法和司法机构的反击。立法机构可能将法案作为有效立法,法院则可能接受这一有效立法。在君王的同意下,议会也可以修改1700年《王位继承法》,从法律上规定一个更为顺从的人作为国王。

这个例子有两层意义:第一,事实方面,通过分析政府各机构掌有的法律和惯例权力的范围,目的在于理解立法权力分配的宪法事实,同理,可分析选民行使控制议会权力的事实。第二,分析立法权力在不同时期实际分配的不同,通过不同时期的比较,会发现不同时期的运作情形。在特殊情形下,也会出现不同的运作现实(如紧急状态或宪法危机的情形)。

最后,上述情形中的每一个问题都可从内部和外部的角度进行分析。对内主权从国家给予议会行使权力的角度诠释了议会的权力。从内部角度分析威斯敏斯特是否为持续性立法至上,是对议会权力和英国其他机构享有的权力相比较的诠释,也是对根据英国宪法加诸威斯敏斯特议会法律限制的分析。如果没有任何机构可以推翻威斯敏斯特议会制定的法律,那么我们就可以得出威斯敏斯特议会从内部视角来看,是立法至上的。

对外主权是从其他国家的视角来分析主权,如果威斯敏斯特议会是国际法上的一个相关角色,威斯敏斯特议会在国际舞台上代表英国享有最高权力,[69]那么从外部视角来看,威斯敏斯特议会就是至上的。本书将集中讨论对内主权,即从宪法原则角度讨论主权。

主权是一个复杂的概念。为了更好地理解其复杂性,我们 22
不仅需要区分主权和至上的不同,而且要对主权从各个不同角度进行分析,包括主权作为一个法律原则的问题,主权的规范政治理论和宪法实践的问题,主权与法律、惯例和政治权力的问题。这些分析也都可以从内部和外部两个方面进行。从内部角度来看,戴雪主权概念的最好解释是一种持续性议会立法至上。从法律的角度来看,戴雪议会主权的概念则肯定了议会享有根据英国法律制定它愿意制定的任何法律的法律权力,除了不得

---

〔69〕 See,P Oliver,above n 56,at 137; N McCormick,*Questioning Sovereignty: Law,State and Nation*(Oxford,Oxford University Press,1999)129 - 31.

约束其继任者。然而,他也从政治角度,不算是法律角度,分析了宪法现实,分析了选民对议会权力的限制,同时分析了规范政治理论。由于考虑到威斯敏斯特议会组成的民主因素,戴雪也需要为威斯敏斯特议会的持续性议会立法至上提供正当性。

第四节 为 1998 年《人权法》辩护

一、英国宪法可以为权利提供更为有力的保护,但并不有损主权吗?

有两种途径可以给予人权更为有力的保护,并与戴雪议会主权概念和平共处。

第一,正如我们在第二章中所讨论的,适用强解释原则(strong principles of interpretation)[70]可能为人权提供一个更为有力的保护。这种可能性源自持续性议会立法至上理论和默示废止规则的关系。默示废止规则适用于当法院面对两个相互冲突的法律条款时,它需要适用后法以解决冲突。后法废止了和

〔70〕 See the discussion in ch 2,pp 54 - 61.

前法冲突的部分,而且不需要后法以明确的文字有意识地规定,它可以废止前法。

默示废止规则可适用于规定立法的方式和形式的条款,也
可适用于法律的实体条款,从而遵循持续性议会立法至上。一
个后来的议会不可能约束先前的议会,但默示废止规则能够使
一个后来的议会解开先前议会仅仅通过一个普通立法(ordinary
legislation)设置的加诸它身上的枷锁。1998 年《人权法》如果
这样规定,即若要废止《人权法》的条款,必须既经全民公决又
通过立法,那么,2008 年的议会如果仅仅通过立法而不举行公 23
投来修改《人权法》,也就说明在后的议会已经默示废止了需要
经全民公决的规定。

默示废止规则只适用于这样的情形,即两个不同的法律间的条款相互抵触。解释原则也可用于消除这种冲突条款,以使《人权法》的条款看上去是不可被修改的。然而,通过解释达到对人权进行强有力的保护却有一个限制。解释可能可以实现“刚性效力”,但解释本身却不能被“刚性”(entrench)。假使有这样一个普通立法,即没有特别的程序要求,它就不可能推翻人权保护规定,这时,刚性效力才可能发生。强解释原则可能限制普通法律推翻人权原则的这种情形。然而,普通的法律可被用

于推翻人权条款理论上的可能性仍不能消除。这样的情形仍然会发生在无法对挑战人权原则的立法以一种避免冲突的方式进行解释时,其结局就是未来的立法会与《人权法》条款相抵触。

第二,在本书的第三章中,我们将探讨通过修改认定法律效力(identification of valid legislation)规则实现刚性效力的方式。持续性议会立法至上的理论要求对合法的主权立法者及主权立法者制定具有合法效力法律的程序作出定义。没有这样的定义,就不可能保持议会立法至上的理论。该理论要求只有立法主权者才能制定有效的立法。为确保如此,主权立法者的定义和主权立法者制定有效法律的方式的定义是必需的。法院也才能保证所适用的法律的确是由主权立法者制定的法律。

持续性议会立法至上理论还要求,任何有关主权和什么样的立法才是有效立法的规则都不能由议会单独修改。如果议会可以修改这些规则,那么议会也就可以约束其继任者了。一旦议会修改了什么样的立法才是有效立法的规定,法院就无法判定什么样的法律有效,此时,法院只能遵循议会的有效立法,那么也就是议会可以约束其继任者了。

根据持续性议会立法至上理论,通过修改合法有效立法的定义,而且假定这种修改并不能由议会单独进行,给刚性化的可能性留下了空间。这种刚性可以实现的方法是,通过区分主权者的界定与将主权者必须使用的制定有效合法法律的程序,作为哈特提出的承认规则的组成部分。法院使哈特的承认规则产 24
生法律效力,也决定了如何识别有效合法立法。这种识别也是一个政治事实,来自对法律体系事实的分析。当法律体系中的官员接受承认规则内容的变化,接受新的承认规则作为一个有效规则时,就会发生对承认规则的修改。这种修改不可能仅仅经由议会单独进行。

如果承认规则能被修改,那么实现刚性效力就有望了。如果真如此,那些有损人权的立法条款,就不再会被认定为合法的有效规则了。当法院不再将有损人权的立法视为具有合法效力时,对承认规则的修改就实现了刚性:这样的法律将不再具有法律效力,也不会再被实施。这种刚性化要求并不损害持续性议会立法至上,因为议会不可能单方面修改承认规则:新的规则必须被法律体系中的官员接受,包括司法机构。正是承认规则的"转变"导致了权利保护的刚性,而非议会的行动。

虽然以这样方式的刚性化存有可能,但很难实现,这种实现方式与由议会单独作为的实现刚性很难区分。在两种情形下都意味着一部制定法要修改有关有效法律规则的定义,并且该定义要被法院接受。第一种解释认为，这个法律和法院的任何支持判决仅仅是承认规则转变的证据，但它们本身并不转变。根据第二种解释，同样的事实可以说是从持续性到自我限制性议会立法至上的一个转变证据。这个事实就是议会能够制定法律，修改约束其继任者的有效法律规则的定义。

第二种解释也有可能，如果立法主张将修改有效法律规则定义为，包括可以约束后来的议会关于"方式和形式"(manner and form)的条款。一个要求所有立法符合人权的法律，可以开启用两种方法解释方式和形式条款之径。第一，实体条款和方式与形式条款的区分并不是固定不变的，两者都能刚性化实体性立法条款。如果议会约束后来的议会通过立法的方式和形式条款被接受，以确保人权条款只能由比制定普通法律更为严格的程序予以推翻，那么，以更为直接的途径强化实体法律条款，使人权具有刚性不应当被接受吗？两种方法可以达到同样的效果，即保护人权免受普通法律的限制或挑战。

第二，也可以认为要求所有立法与人权相一致的法律，可以被归类为方式和形式条款，因为它的效力是对一些法律条款的
25 方式和形式进行修改，进而修改对有效合法立法的定义。有了

这个具有刚性效力的法律,那么或许除非明示废止规定所有立法必须符合人权的要求,制定有违人权的法律也就不再可能了。这样的条款和其他方式和形式法律条款的区别仅仅是一个程度问题。方式和形式法律条款要求明确规定程序,这些规定必须被用于制定某些特定的立法。要求所有立法必须符合人权的法律建立一个新的法律组成要素,即要求所有的立法必须以这样的方式制定,以确保与人权相一致。

如果这些方法中的任何方法,以立法方式和形式条款作为立法的要件,明确要求所有的法律与人权条款保持一致,那么,其后因与人权不相符合而被推翻的立法,就会被视为法院适用在先的方式和形式条款来支持新的立法之证据(这些新法主张默示废止旧的方式和形式条款)。议会也可以单独成功地约束其继任者,预示了从持续性到自我限制性议会立法至上的转变。

二、公约权利应当具有刚性吗?

公约权利保护的刚性化并不一定需要人民的认可(desirability)。戴雪的主权政治理论就是以这样的路径创立,即持续性议会立法至上保护民主,议会通过立法实现人民意志的表达。而对人权的刚性化,可以有同样的主张。刚性化使法院可以推翻立法，通过人民的意志而又超越选民意愿。然而，即使戴雪也认可调和保护权利和维护民主是必要的。在戴雪看来，可以由法治（rule of law）平衡议会主权，使法院保护权利。此外，对议会意志和人民意志在多大程度上能够保持一致的忧虑不断增长，导致戴雪提出了否认持续性议会立法至上的政治理论，而代之以《全民公决法》（Referendum Act），规定了通过公决改变英国宪法中的基本原则。[71]

本书第五章和第六章将讨论《人权法》可以得到辩护，因为它并不是为了寻求保持戴雪的主权概念以对人权提供更强有力的保护，而是意在寻求在存在竞争关系的民主需求和人权价值间达成平衡。《人权法》提供了对权利的更强有力保护，但并没有削弱民主。《人权法》因其提供了人权保护的民主对话模式
26 而受到捍卫。而民主对话模式则捍卫人权保护，其在立法和人权相容问题上也并没有使法院能够做出最终的权威性解释。相反，对话机制和人权的法律保护配合，使立法机构能够回应有关立法与人权相容性问题的司法判决。

这样的权利保护模式构建了司法机构和立法机构之间的对

〔71〕 See ch 4，pp 98 – 101.

话,决定了人权的范围,以及在何种程度上为了实现其他目的、权利和利益人权条款可被限制或推翻。寻求民主和人权间的妥协,旨在为人权找到比普通法单独保护更为有力的保护,同时,回应了给予人权更强有力的保护,将会产生反民主效力的责难,也回应了允许司法判决决定人权的内容,是对立法者意愿违背的杂音。

我们将讨论《人权法》建立的两种不同的对话形式,给予立法机构和法院不同的相对权力。其中,《人权法》第 3 条,对法院有所倾斜,使法院处于更为有利的权力地位,法院能够解释并适用立法,以确保立法和公约权利(Convention rights)相容。立法机构可以通过另行制定其他立法,以抵御或修改法院的结论,来对法院判决予以回应。然而,这种做法要求严谨的文字规定条款,这或许很难实现,特别是考虑到议会或许清楚这样的立法和法院的判决结论是相抵触的。

《人权法》第 4 条,向立法机构倾斜,使立法机构处于更为有利的权力地位,法院不能为保护有歧义的个人权利提供一个法律救济,其权力仅在于作出一个不相容的声明,并不影响法律的合法性、持续效力或者存疑的立法的效力。如果人权要得到保障,还需要立法和行政机构的介入,根据《人权法》第 10 条的规定，立法或行政机构使用快速通道程序（the fast-track procedure）修改立法。

这种特别的人权保护民主对话模式的保障将通过三个阶段进行。第一，它将被认为立法机构和法院依照各自的机构特性提出一个初步的认定（prima facie arguments），以确立各机构在处理不同人权问题时是最适当的机构。这个认定或者是主张一个机构最可能得出正确的答案，或者主张该机构是通过一个更为合法的程序得出这个答案。当因立法方式宽泛，产生了并非故意的对一些特定个人权利的损害，或者立法时忽视了长期存在的法律或宪法原则，或者对那些处于劣势的少数群体的权利由于关注于民主立法机构的多数决制度而没有给予充分的保障时，法院可以纠正立法。然而，司法保护人权的方法也是有限的，司法性立法既是零碎的也是被动的，只能够在回应个别的法
27 院的诉讼法律行为时，逐步地做出微小的变革。特别是当一个特定的人权保护的发展对当下尚未诉至法院的其他领域产生影响时，或者需要创设一个程序性机制时，由司法创设保护人权的适当程序即使可能，也有难度。

第二，这里仍然有一个问题需要讨论。尽管这些制度安排或者主要依赖立法机构，或者主要通过法院，优先实现权利保

护,但当这种保护主张面对争议性权利(contestable)问题时,就很难得到支持。而对权利争议性的假定则是权利保护的民主对话模式的基础。就公约权利的范围和适用而言,如果权利具有争议性,法院能够得出更为正确的结论也并不是不言而喻的。此外,决定一个争议性的权利的范围,采取民主方式会比司法方式更为适当。

第三,为使立法机构回应法院做出的判决,《人权法》第3条规定了公约一致性解释,使用《人权法》第3条的限制来自解释原则本身(principles of interpretation themselves),例如,当损害了立法的基本特性时,《人权法》第3条不得使用。这就使立法机构可以修改或者修正法院在涉及公约权利的范围和适用案件时的判决。

通过使用《人权法》第3条规定的方式,或者通过使用第4条规定的方式,从而关注《人权法》应当用于创设对话模式时,下面的假设可以发展为《人权法》的一种审判理论。因为当面对争议性权利时,假定法院发挥纠错功能并不合理,法院应当适用《人权法》第4条。如果法院和立法机构对人权问题观点相左,至少两个机构对一个争议性权利问题的解决都有平等机会,因为它们适用着不同但都合理的解释。

当面临一个不具争议性的权利问题(a non-contestable rights issue)时,法院应当适用《人权法》第 3 条,除非面临下列情形之一:(1)公约一致性解释会抵触立法的根本特性;(2)公约一致性解释迫切要求法院重述法律条款,或进一步创设程序机制并对法律的其他领域产生大规模的实际后果;(3)公约一致性解释要求法院从一系列可能的、有争议的公约一致性解释中进行选择。对法院的第一种限制对维护权利保护对话模式是必要的,以使立法机构能够回应根据《人权法》第 3 条规定的法院解释。第二种和第三种限制是对法院救济权力(the remedial power of the court)的限制。法院可以实现微小的变革,但不能
28 进行大幅的变革,特别是涉及创设新的程序机制,将会导致对法律其他领域的连锁反应。最后,法院要克己,当面对从众多的公约一致性解释中选择可能性时,最好是将最后的决定权留给立法机关。

第五节 捍卫戴雪

本章探讨了基于主权理论必然存在的复杂问题和紧张关

系。围绕主权的法律原则之前提,得出的结论是默示废止规则不允许立法机构约束其继任者。但是,基于默示废止规则的狭窄适用范畴和解释原则的范围以及适用时的进一步限制,刚性效力仍然可能发生。这种刚性效力引发了立法机构和法院的关系问题的讨论。尽管议会保留着最高地位,但法院仍是保护被立法机构无意侵犯的基本权利的一个重要角色。这种保护作用在《人权法》第 3 条和第 4 条中得以增强。法院保护基本权利的程度也强化了议会主权政治角度的正当性。议会主权为政治主权归于选民而设定。对权利的强司法保护有助于修复民主程序中的瑕疵,以确保民主由卓有成效的权利保护予以平衡。

本书对持续性议会主权理论和自我限制性议会主权理论的区别的假定作了进一步的分析。议会享有持续性主权就不能约束其继任者,因此也就不能刚性保护人权。议会享有自我限制性主权,那么就可以约束其继任者,也可以被其前任者约束,能够使他们刚性保护人权。然而这一假定,误解了持续性议会主权和自我限制性议会主权区别的本质,权利保护可能刚性化,同时议会也可能保持持续性主权。这是因为持续性议会主权和自我限制性议会主权的区别并不关涉可能性(possibility),而是关注实现刚性效力的方法(method)。

享有自我限制性主权的议会可以仅通过制定法律,以改变未来立法的方式和形式为目标,以约束其继任者。享有持续性主权的议会不能单独约束其继任者。然而,通过立法,声称可以改变未来立法的方式和形式,可能引发定义合法有效的立法的政治情势的变化。这种变化需要被法律系统中的其他机构,特别是司法机构接受。

对持续性议会主权和自我限制性议会主权区别的最好理
29 解,将在本书第七章提出基本的分析,其能够为持续性议会主权提供一个温和的辩护。持续性议会主权在立法和司法机构间建立了相互谦抑关系,要求立法和司法都接受政治情势的变化,这种政治情势变化改变了立法机构的主权身份和制定合法有效法律的程序。这种机构间的相互谦抑关系具有宪法优势,它在稳定和灵活间提供了更为良好的平衡,也为我们宪法安排的正当性提供了制约与平衡机制。这并不是说持续性议会主权是我们的宪法安排的最好形式,相反,这是说“持续”而不是“自我限制”是议会主权的最好形式。

第二章　解释与默示废止

1998 年《人权法》，在强化保护《欧洲人权公约》规定的人权和尊重议会主权之间划分了一条清晰的界线。人们一般认为，《人权法》并没有使公约权利产生刚性的效果，因为要使公约权利免于被推翻，必然会违背持续性议会立法的主权。[1] 而只有《人权法》不能被普通立法废止，《人权法》才可能产生刚性效力。例如，1998 年《人权法》第 1 条中假定有这样一个条款，"《人权法》的条款，包括本条，只能被一个立法条款修改或推翻，该立法条款须经平民院和贵族院 2/3 通过并得到英王的御准"，那么《人权法》就可以被认为具有了刚性。任何以推翻《人权法》为目标的法律都是无效的，除非其在经英王御准前已经

---

〔1〕 关于此概念的讨论，参见 ch 1，pp 15 – 17。

由平民院和贵族院 2/3 多数通过了。

然而,现行宪法的正统观点禁止这种形式上的刚性,因为有默示废止规则的存在。根据默示废止规则,当新法与旧法冲突时,新法的规定优于旧法,即使新法没有明确规定新法将推翻旧法,旧法也被自动废止了。如果我们把默示废止规则套在《人权法》上,那么《人权法》就不具有刚性。如果是这样,一项未经 2/3 多数通过的法律就可以废止《人权法》,无须根据《人权法》第 1 条所规定的修改程序修改《人权法》。这样一来,一部普通的法律就可以默示废止《人权法》第 1 条,其结果是,《人权法》第 1 条不具有刚性,可以被普通法律废止。

本章意在探讨宪法正统观点。我们将通过分析默示废止规则的范围来探讨宪法的正统观点。默示废止规则只适用于两个法律的条款相互冲突之时。如果新法看起来与旧法抵触,而通过解释旧法,其不再与新法有明显抵触时,这种冲突就消除了。
32 默示废止规则的范围取决于法律解释原则,通过解释可以实现刚性效力,但单靠解释并不能确保法律的刚性。事实上,通过解释可以消解很多可能的冲突,从而使默示废止规则在实践中看起来不可能被用于推翻某些法律条款——实现刚性效力。为证成这一主张,本章将首先探讨默示废止的法律原则,分析其适用的范围是如何远比我们最初的设想要窄的。然后,我们将分析《人权法》的文字规定方法,或重新解释其文字,以提出对权利比现行《人权法》规定更为有力的保护。

第一节　持续性议会立法至上和默示废止规则:正统观念

戴雪的持续性议会立法至上的理论,是一个绝对强势的法律概念。对戴雪而言,持续性议会立法至上的存在是一个法律事实。[2] 他认为存在某些法律条款可以被解释为禁止未来对其进行修改,但其后却通过制定普通法律被修改了的事实。他所使用的最重要的例子是1706年《苏格兰统一法》。就这一法律,他提出,在这部法律中,包括这样一个部分,即明确规定赋予"某些法律比普通法律更高的效力"。[3] 但是,《苏格兰统一法》被后来的立法默示废止了。例如,《苏格兰统一法》第25条

〔2〕 AV Dicey, *An Introduction to the Study of the Law of the Constitution*, 10th edn(London, Macmillan, 1959)68.

〔3〕 Ibid, at 65.

要求苏格兰的大学教授认同、信仰、赞成“信纲声明”(the Confession of Faith)的规定,而该条款被1853年《(苏格兰)大学法》[4]的相关规定废止了。

默示废止的普通法规则,也为持续性议会立法至上作为法律原则的存在提供了有力的证据。根据持续性议会立法至上,议会可以制定任何它想要制定的法律,而法院和其他机构不得质疑或推翻议会制定的法律。但是议会不得通过立法在法律上约束其继任者。对其继任者的约束不能(inability)通过适用默示废止规则得以实现。这个规则,简单而言,就是规定法院在发现新旧两个法律之间有冲突时,应当使新法优先。例如,如果1995年的法律规定国家为蓝眼睛婴儿的家长一年补贴500英镑,2005年的法律规定提供750英镑补贴,那么法院应当适用新法,家长可以得到750英镑而不是500英镑。

33 新法应当优先于旧法,这是对持续性议会立法至上的坚持。如果面对冲突,要求法院适用旧法规定条款,那么就是对后来的议会行为施加了限制。我们再回来看这个例子,如果优先适用旧法,那么法院就得适用1995年的法律规定,家长就只能得到

[4] Ibid.

500 英镑的较少补贴。但是,这将阻止 2005 年后来的议会通过法律规定较高补贴的立法意愿。为了确保其意愿能够实现,后来的议会需要明确废止旧法的规定。仅仅通过立法中的内容由默示的方式(也就是说,在新法中包括了与旧法不一致的内容)废止旧法是不充足的。旧的议会将约束其未来的化身,不能立法推翻先前的立法规定。除非使用一种特别的方式和形式,即明示废除(express repeal)。

然而,并非默示废止规则的存在本身,就能够为持续性议会立法至上理论提供支持,还必须在方式和形式条款中适用默示废止规则,如同在实体法律条款(substantive statutory provisions)中也适用这个规则。让我们对上面的例子稍作一点修改,假如 1995 年的法律规定,本法律中关于给予蓝眼睛婴儿的家长的补贴数额的修改,必须经全民公决后才能修改。然而,2005 年通过的法律提高了补贴数额,但并未经由全民公决。如果默示废止规则如同在实体法律条款适用时一样,适用于方式和形式条款,那么,未经全民公决的 2005 年法律的制定,则默示废止了 1995 年法律中有关要求全民公决的规定。因此,2005 年法律具有优先效力。如果默示废止规则只能适用于实体法律条款,那么,2005 年法律就会被认为无效,而 1995 年法律则优先。议会可以提高给予蓝眼睛婴儿家长的补贴,但只能等到全民公决以后。这样,议会就能够约束其继任者,对其后来的立法的方式和形式加以约束——支持了自我限制性议会立法至上的解释而非持续性议会立法至上的解释。

因此,默示废止规则的范围被视为主要手段,它可以决定议会主权法律原则的内容。如果默示废止原则适用于方式和形式条款,如同适用于实体法律条款,那么,这是对持续性议会立法至上的支持。如果默示废止规则只适用于实体法律条款,那么就是对自我限制性议会立法至上的支持。支持默示废止规则适用于立法的方式和形式,如同在实体法律条款中一般,可以在有深远影响的以下案例中发现:沃克斯豪尔地产有限公司诉利物浦公司案[5](以下简称沃克斯豪尔案)和艾伦街地产有限公司诉卫生部长案[6](以下简称艾伦街案)。

34 这两个案件都涉及了 1919 年《土地征收补偿法》和 1925 年《房屋法》。非常清楚的是,这两个法律的条款规定了不同的补偿方法。根据 1919 年《土地征收补偿法》第 7(1)条的规定,很显然主张 1919 年《土地征收补偿法》应当推翻 1925 年《房屋法》。规

〔5〕 [1932]1 KB 733(KB).

〔6〕 [1934]1 KB 590(CA).

定如下：

> 与本法所规定问题有关的，涉及授权获得土地的法律和行政命令（order）条款，或与之相关的其他任何法律，都按照本法规定，与本法不一致的法律条款不具有法律效力或不得具有法律效力。

上述沃克斯豪尔案和艾伦街案的结论是法院适用了1925年《房屋法》，而不是1919年《土地征收补偿法》。在沃克斯豪尔案中，埃弗里（Avory）法官主张1919年《土地征收补偿法》第7（1）条只能适用于之前和该法相抵触的，而不能适用于该法之后与其相抵触的情形，否则就违反了宪法原则。[7] 海姆芬瑞斯（Humphreys）法官则对辩护律师的辩护逻辑提出了质疑，认为1919年《土地征收补偿法》不得被默示废止，但是其条款可以被明示废除。[8] 在艾伦街案中，宪法原则作为依据再次被提及，法官玛格汉姆（Maugham）为此提出了明白无误的主张：

---

〔7〕 *Vauxhall Estates Limited v Liverpool Corporation*, above n 5, at 743.

〔8〕 Ibid, at 745 – 6.

> 根据我们的宪法，立法机构不能就其后的立法方式约束议会自己，议会不能制定一个法律，规定在其后的法律中对同样的事项作出规定时，不得默示废止这个法律。[9]

但是，最近的案件，不禁使人对这一宪法正统观念产生了疑问。首先，法克特塔梅公司[10]系列诉讼案对默示废止规则是否适用于1972年《欧洲共同体法》第2(2)条[11]存有未知处。其次，R(杰克逊)诉总检察长案，[12](以下简称杰克逊案)中的司

〔9〕 *Ellen Street Estates Limited v Minister of Health*, above n 6, at 597.

〔10〕 *Factortame v Secretary of State for Transport* [1990] 2 AC 85 (HL); *R v Secretary of State for Transport ex parte Factortame Ltd and Others* (No 2) [1991] 1 AC 603 (HL).

〔11〕 See, MB Akehurst, 'Parliamentary sovereignty and the supremacy of Community law' (1989) 60 *The British Yearbook of International Law* 351; TRS Allan, 'Parliamentary Sovereignty: Law, Politics and Revolution' (1997) 113 *Law Quarterly Review* 443; PP Craig, 'Sovereignty of the United Kingdom Parliament after Factortame' [1991] *Yearbook of European Law* 221; J Drexl, 'Was Sir Francis Drake a Dutchman? British Supremacy of Parliament after Factortame' (1993) 41 *The American Journal of Comparative Law* 551; D Nicol, *EC Membership and the Judicialisation of British Politics* (Oxford, Oxford University Press, 2001) ch 7; D Oliver, 'Fishing on the incoming tide' (1991) 54 *Modern Law Review* 442; HWR Wade, 'Sovereignty—Revolution or Evolution?' (1996) 112 *Law Quarterly Review* 568.

〔12〕 *R (Jackson) v Attorney-General* [2005] UKHL 56, [2006] 1 AC 262.

法判词，支持了默示废止规则不得适用于法律方式和形式条款的主张，并因此认为英国宪法已从持续性议会主权理论转移至自我限制性议会主权理论。[13]

尽管这两种情形，都与持续性议会立法至上是否继续作为 35
英国法律的原则相关，但他们的重要性不在这一阶段进行分析，而将在下一章的内容中分析这些案件，以对默示废止规则进行更为详细的分析。我认为，对默示废止规则的确当理解，远比仅仅主张面对法律间冲突时，法院应适用新法的条款而不是旧法，要复杂得多。这种复杂性导致了默示废止规则更为狭窄的适用范围，这种狭窄的适用，取决于在要求适用默示废止规则时，对法律条款冲突达到何种程度的认定。

---

〔13〕 See, J Allan, 'The Paradox of Sovereignty: *Jackson* and the Hunt for a new Rule ofRecognition?' (2007) 18 *King's College Law Journal* 1; R Ekins, 'Acts of Parliament and theParliament Acts' (2007) 123 *Law Quarterly Review* 91; M Elliott, 'The Sovereignty of Parliament, the Hunting Ban and the Parliament Acts' (2006) 65 *Cambridge Law Journal* 1; C Graham, 'A Very British Affair—*Jackson v Attorney-General*' (2006) 12 *European Public Law* 501; J Jowell, 'Parliamentary Sovereignty under the New Hypothesis' [2006] *Public Law* 562; A McHarg, 'What is Delegated Legislation?' [2006] *Public Law* 539; T Mullen, 'Reflections on *Jackson v Attorney-General*: Questioning Sovereignty' (2007) 27 *Legal Studies* 1; M Plaxton, 'The Concept of Legislation: *Jackson v Her Majesty's Attorney-General*' (2006) 69 *Modern Law Review* 249; AL Young, 'Hunting Sovereignty: *Jackson v Her Majesty's Attorney-General*' [2006] *Public Law* 187.

下面将探讨默示废止规则适用范围狭窄的例证。考虑到适用这个规则的限制，当面对两个法律条款（two statutory provisions）间表面的冲突时，法院似乎应适用旧法而不适用新法。尽管这可能是法律刚性化的一个例子，但我认为这个例子最好解释为两个法律条款间明显冲突的情形得到了解决。新法可以被解释为与旧法的法律条款并不冲突。因此，无须适用默示废止规则。

第二节 默示废止的狭窄范围

默示废止规则作为英国法律原则由来已久。本尼恩（Bennion）在提到这个原则时曾经提及柯克（Coke）引用的"后法废止与其抵触的前法"（leges posteriors priores contrarias abrogant）。[14] 该规则最早的例子可以在1685年的判决中找到，即新的法律条款有关行业学徒制的规定，推翻了在伊丽莎白

---

〔14〕 Coke, 1 Inst 25b, referred to in FAR Bennion, *Statutory Interpretation: a Code*, 4th edn (London, Butterworths, 2002) 255.

一世当政第 5 年*时的第 4 号法律中的规定。[15] 这已成为英国法律接受的原则,以至于鲜有司法讨论涉及其具体范围和适用的问题。大多数司法对这个原则的参照都依赖史密斯法官(Smith J)的解释:

> 法律是否可以被后来的法律以默示方式废止的标 36
> 准是:新法的条款与旧法的条款确实如此之不一致,或不相符,以至于两者水火不能相容。[16]

最新涉及默示废止规则的适用范围的分析的司法审判,是上诉法院在史密斯国际有限公司诉特种石油集团服务有限公司案[17]中的判决,该判决参照了上诉法院在英国亨利鞋业建造有限公司诉曼彻斯特麦尔曼斯集团有限公司的麦尔曼斯酒店

---

* 1563 年。——译者注

[15] *Nicholas v Cotterel*(1685)3 Keb 448,84 ER 815 and *Dominus Rex v Eeds*(1685)3 Keb 618,84 ER 913.

[16] *Church Wardens and Overseers of West Ham v Fourth City Mutual Building Society*[1892]1 QB 654(QB),658. Cited in Bennion, above n 14, at 254.

[17] [2005]EWCACiv 1357,[2006]1 WLR 252.

案[18],和克拉克公司诉匹克斯公司案[19]的早期判决。案件的判决出现了两个原则:第一,基本假定是反对默示废止;第二,默示废止规则适用的例外是,一般规定不得限制特别规定(generalis specialibus non derogant)——旧的特殊规定不能被新的一般规定条款默示废止。

这两个原则本身已经说明,默示废止规则的适用范围比它初看起来狭窄得多。默示废止规则并不是法律(rule)的一般规定,而是法律的例外。法院的目的不是确保新法推翻旧法,而是竭力确保只有在新法不能解读为和旧法相一致时,才能推翻旧法。此外,劳斯法官在索博案[20]的判决中,显示了默示废止更为狭窄的适用范围。首先,劳斯法官认为,默示废止规则并不适用于宪法性法律。其次,他的意见支持了亚当·汤姆金斯(Adam Tomkims)认为默示废止规则只能适用于两个关于同一主题(on the same subject matter)的法律有冲突的情形。这些挑战将为默示废止规则的重新规划奠定基础,最好视默示废止规则为一具体废止规则(specific repeal)。新法默示废止旧法,只

---

〔18〕 [2001]QB 388(CA).

〔19〕 [2001]1 WLR 17(CA).

〔20〕 [2002]EWHC 195(Admin),[2003]1 QB 151.

有在新法的特定条款恰与旧法的特定条款具体抵触之时。具体抵触的要求使旧法具有了刚性。法律是以文字规定的方法制定的,这种以文字规定的方式,字里行间又看不到明示废除,如果不是法律适用的实际有抵触的可能,文字之间是很难发现具体的抵触的。

一、反对默示废止的基本假定

反对默示废止的基本假定要求,法院应当竭力从旧法中寻找相一致的方式来解释新法的条款,只有当两个法律条款是如此的不一致,以致不能共存时,才能适用默示废止规则。当法院 37
解释当代法律(modern statues)时,[21]反对适用默示废止规则的假定就更加有效了,并且,举证责任归主张新法条文已经默示废止了旧法的一方。[22] 所有这些因素表明默示废止规则的适用应当是鲜见而不是常有的。

麦尔曼斯案提供了一个在多大程度上适用默示废止的范例。法院将竭力在两个明显冲突的法律条文间寻求一个相一致的解释,以避免适用默示废止规则。该案的争议是亨利鞋业和

---

〔21〕 *Government of the United States of America v Jennings*[1983]1 AC 624(HL)3 WLR 450,643－4,(Lord Roskill).

〔22〕 *Lybbe v Hart*(1883)29 Ch D 8,15(Chitty J).

麦尔曼斯之间的建筑合同的条款规定。争议涉及仲裁员作出的一个临时裁决,裁决支持了麦尔曼斯一方。亨利鞋业一方根据1996 年《仲裁法》第 69 条的规定,将案件诉至戴森法官(Dyson J),戴森法官驳回了亨利鞋业的诉讼,并根据 1996 年《仲裁法》第 69(8)条的规定,行使权力驳回了亨利鞋业取得的将案件上诉至上诉法院(the Court of Appeal)的许可。亨利鞋业主张驳回上诉许可应经上诉法院复审。但根据《仲裁法》第 69(8)条的规定,当事人并不能就请求上诉法院复查被驳回而提出异议。因此,法院争议的焦点就被转移至了 1999 年《诉权法》第 55 条。当事人主张 1999 年《诉权法》第 55 条的规定,默示废止了 1996 年《仲裁法》第 69(8)条的规定,因而使当事人能够就上诉许可被驳回而提出异议。为了理解这个主张,我们需要更具体地看看法律条款的规定。

1996 年《仲裁法》第 69(8)条规定如下:

> 根据本条规定,法院就上诉问题所作的裁决,即被视为法院对为了继续上诉所做的判决。但是,未经法院许可,不得继续上诉,除非法院认为上诉问题属于全案重要问题之一,或者属于具有其他特别的理由,应当

由上诉法院予以受理。

而1999年《诉权法》第55(1)条规定:

> 当任何相关问题的上诉请求是向高等法院(the High Court)下设的郡法院(county court)提出的,并且郡法院就相关问题进行审理并讨论决定后,都不得再行上诉至上诉法院,除非上诉法院考虑到:(1)该上诉事项可能提出一个原则或实际的重要问题,或者(2)具有其他迫切理由(compelling reason)需要上诉法院受理。

该案的争议是由仲裁员举行的法院听证所做出的决定,如果相当于"向高等法院下设的郡法院提出的上诉请求",那么,根据1999年《诉权法》第55(1)条的规定,上诉法院可以决定是 38
否给予上诉许可,但是,1996年《仲裁法》第69(8)条规定高等法院应当给予上诉许可决定。这两个法律条款显然相互抵触。然而,上诉法院认为,1999年《诉权法》并没有默示废止1996年《仲裁法》。上诉法院法官威乐(Waller LJJ)和托马斯(Swinton-Thoms LJJ)认为1996年《仲裁法》条款并没有被改动,其含义为只有高等法院可以给予或驳回上诉许可请求。从实质上看，1996 年《仲裁法》只是创设了一个特别的上诉路径，它并没有被 1999 年《诉权法》赋予上诉法院的更为一般的权力所改动。[23] 安得法官(Arden J)总结为两个法律可以放在一起解释，1996 年《仲裁法》规定赋予高等法院上诉许可，而 1999 年《诉权法》规定赋予上诉法院额外的许可。[24]

麦尔曼斯案的决定开拓了两条路径，使法院竭力确保新法的规定与旧法的规定不相抵触。其一，当法官对两部法律的条款是否抵触进行评估时，法院会特别关注立法的背景、新法中那些显然会默示废止旧法的条款，以及新旧法中其他条款间的关系。例如，在麦尔曼斯案中，上诉法院法官威乐的结论性意见认为，1999 年《诉权法》第 55 条的目的是限制当事人第二次上诉的权利，但是，他也提到，这并不要求上诉法院在这些情形下均

〔23〕 这是对“一般规定不得限制特别规定”原则的适用，详尽讨论见后一节。

〔24〕 The Court of Appeal has subsequently approved the result of Malmaison, thereby confirming the lack of implied repeal: *Clark v Perks* [2001] 1 WLR 17 (CA); *North Page Shipping Ltd v Seatrams Shipping Corporation* [2002] EWCA Civ 405, [2002] 1 WLR 2397; *Athletics Union of Constantinople v National Basketball Association* (2) [2002] EWCA Civ 830, [2002] 1 WLR 2863. However, no decision has been reached as to whether the two Acts should be read as requiring additional permissions, or whether the general provisions of the 1999 Act do not impede the specific provisions of the 1996 Act.

授予上诉许可,还需注意 1999 年《诉权法》中规定的其他例外情形。[25]

其二,法院也仔细考虑了新法是否明示废除了旧法的其他条款。如果旧法中可能会被新法默示废止的某一条款,与已被新法明示废除的法律条款相似,那么,这会强化反对默示废止的假定。1999 年《诉权法》明示废除了其他法律中的一些条款,这些条款规定上诉许可的取得须经高等法院而非上诉法院批准。1996 年《仲裁法》条款的规定,并不属于这种明示废除的情形。所以,这就会产生一个反对默示废止的假定。如果议会想要废除 1996 年《仲裁法》,它必须以明示的方式进行,就如它对相似条款的废止一样。[26]

二、一般规定不得限制特别规定 39

新法的一般规定不得推翻旧法的特殊规定,这一原则是很久以来为法律解释创设的一个原则。揭示其最具权威的说法来自大不列颠法官斯尔博那(Lord Selbourne)在苏厄德诉维拉·克鲁兹号案中的判决:

---

〔25〕 [2001]QB 388,401 –3.

〔26〕 Ibid,at 403. See also *Re Chance*[1936]Ch 266(Ch); *Critchell v Lambeth Borough Council*[1957]2 QB 535(CA).

> 如果说有什么事情是毋庸置疑的，那就是，在新法中的一般文字规定，能够合理并切实地适用，而不将其扩展至旧法对特别事项的规定，你不得主张仅仅适用这些一般文字规定，也没有任何特别的意思表示时，应该间接废止、改变或者贬损旧法和特别法的规定。[27]

在苏厄德诉维拉·克鲁兹号案中，争议涉及英国海事法院（the Admiralty Court）的管辖权问题。这一案件经由海事法院受理。案件涉及一位寡妇代表其丈夫和儿子提起损害赔偿诉讼，她的丈夫和儿子死于他们的轮船和维拉·克鲁兹号（The Vera Cruz）的碰撞事故中。根据旧法的规定，由个人代表死者提起的因过错、疏忽和违约导致的损害赔偿的案件应由普通法院管辖，但新法规定“任何由船只引起的损害赔偿请求”的管辖归于海事高等法院（the High Court of Admiralty）。这被认为新法并没有默示废止旧法。旧法确立的普通法院管辖的是特别的损害赔偿诉讼，即由他人代为提起的因过错、疏忽和违约导致死

〔27〕 （1884）10 App Cas 59（HL），68.

亡的损害赔偿案件,而新法规定的是由海事高等法院管辖的,因船只引起的损害赔偿诉讼的一般案件。新法中的一般条款没有废止旧法中的特别条款。因此,海事高等法院对此案没有管辖权。

同样的原则在最近的史密斯案的判决中也得到了适用。[28]该案涉及判决能否从专利法庭(the Patents Court)上诉到上诉法院的问题。1997 年《专利法》第 97(3)条规定了禁止对专利法庭判决上诉的一般规定,但受两个例外限制,上诉许可需经由专利法庭或者上诉法院做出。争议的问题在于这一规定是否被1999 年《诉权法》第 55 条默示废止了,根据 1999 年《诉权法》第55 条的规定,所有对高等法院判决的上诉经由上诉法院取得上诉许可。而专利法庭是高等法院的组成部分。上诉法院主张,1977 年《专利法》的旧有条款创设的是一个从专利法庭即高等法院的组成机构,进行上诉的专门程序,这并没有与新法的一般规定抵触,因为 1999 年《诉权法》规定的是更为一般的上诉程序,它规定了如何从高等法院上诉至上诉法院的一般程序。[29]

当旧法的一般规定和新法的特别规定之间有冲突时,适用

---

〔28〕 [2005]EWCACiv 1357,[2006]1 WLR 252.

〔29〕 Ibid,at[14]-[15].

40 同样的原则。例如,在莫特诉泰勒案[30]中,争议点在旧法条款规定了诉讼费请求权(right to costs)的一般性规定,但新法规定了诉讼费请求权只需要依照法庭令。新法的特别规定并没有默示废止旧法的一般规定。相反,一般规定仍然有效,并与新法规定并存,新法的特别规定为旧法的一般规定提供了一个特别的例外。

三、宪法性法律(Constitutional Statutes)

在索博案中,劳斯法官为宪法性法律和普通法律(ordinary statues)划了一条界线。他把那些事关公民和国家的法律关系的法律,以及扩大或缩小基本权利的法律划为宪法性法律。因此,1215 年《大宪章》,1689 年《权利法案》,1832 年、1867 年和 1884 年的几部《改革法》,1972 年《欧洲共同体法》,1998 年《人权法》,1998 年《苏格兰法》和 1998 年《威尔士政府法》,都划在了他的宪法性法律谱系中。但是,劳斯法官并不仅仅是按照主题划出了一个涉及认定关于“宪法性”问题的法律列表,而且进一步提出,宪法性法律和普通法律不同,不得被默示废止。[31] 如果劳斯法官的观点是正确的,那么,默示

〔30〕 (1868) LR 3 CP 645(CP).

〔31〕 [2002] EWHC 195,[2003] QB 151,[63].

废止规则的适用范围就更狭窄了,它也不得适用于宪法性法律。

劳斯法官通过对法克特塔梅诉讼案的分析,证成了他的结论。特别是法克特塔梅第一案,[32]该判决并没有专门分析默示废止规则。但是,劳斯法官认为,法克特塔梅第一案的判决或许可以适用默示废止,但是并没有使用默示废止。法克特塔梅涉及1988年《商务船只法》和1972年《欧洲共同体法》第2(4)条之间的明显冲突。《商务船只法》规定了渔船登记为英国时(因此可以在英国水面捕鱼),必须有足够的英属所有权和英籍船务人员。这个规定明显直接与生效的《欧共体条约》的条款相冲突,条约规定应当允许所有欧盟成员国的渔船在英国水面捕鱼。[33]

在法克特塔梅第一案中,新旧法律的法条间存有明显冲突,应当通过适用新法解决。这本是为法院提供自由选择从而得出结论的空间。未来的立法若与直接生效的欧共体法律相抵触,那么就既不能根据直接有效的欧共体法律进行解释,也不能根据直接有效的欧共体法律予以实施。因此,包括1988年《商务

[32] *Factortame v Secretary of State for Transport*[1990]2 AC 85(HL).
[33] Art 52,now Art 43 EC.

41 船只法》在内的这类法律就将默示废止 1972 年《欧洲共同体法》第 2(4)条的规定。然而,布瑞金法官(Lord Bridge)认为,《欧洲共同体法》第 2(4)条的规定已被有效地吸收进 1988 年英国的《商务船只法》中了。[34] 他认为:

> (《商务船只法》中)有关英国船只登记的法律条款的内容,并没有歧视其他任何欧共体成员国中的任何国民,他们仍然享有可直接执行的欧共体权利。

劳斯法官认为,布瑞金法官的观点正说明《欧洲共同体法》并没有被英国的《商务船只法》默示废止。如果是这样解读《欧洲共同体法》第 2(4)条,那么英国的法院"实际上有效地接受了《欧洲共同体法》第 2(4)条的规定并未被默示废止,尽管在审理中,当事各方并没有提及这一点"。[35]

劳斯法官的这一观点存有两个可能的解释。其一,他提出了一个关于默示废止规则范围的理论主张;其二,劳斯法官作出了一个更具实践性的主张。尽管在理论上,默示废止规则可以

---

〔34〕 [1990]2 AC 85(HL),140.
〔35〕 [2002]EWHC 195,[2003]QB 151,[61].

适用于宪法性法律，但是，在实践中鲜有发生。这是因为法院很少发现新法以默示方式废止宪法性法律。第一方面的解释不仅仅较之于第二方面的解释，为默示废止规则提出了一个更为狭窄的适用范围，而且对持续性议会立法至上提出了更大的挑战。宪法性法律具有刚性，只能由明示而不得被默示废止。但是，对第一方面的解释的支持却是软弱无力的。劳斯法官的主张最好是被理解为提出了一个更可行的主张。尽管宪法性法律被默示废止在理论上具有可能性，但是允许法官竭力解释新法，以使新法与旧的宪法性法律规定不相抵触，这就使默示废止宪法性法律，在实际上是很难实现的。

认为劳斯法官极力主张宪法性法律不能被默示废止一个更有力的证据来自劳斯法官判决中的以下文字。他在判决中说道：

> 近年来，普通法允许——甚至创设了——默示废止规则的例外。这一规则一向是普通法自己创设的。现在有一些立法不得通过默示的方式废止。但对于哪些立法不能被默示废止，由法院，也只能由法院确定。通过这种方式，议会主权的性质和范围最终是由法院

所确定的。[36]

在他做出判决之后，劳斯法官明确提出，“普通的法律可以被默示废止，宪法性法律不得被默示废止”。[37] 他明确主张默示废止规则不适用于宪法性法律，而且认为这正是宪法区别于普通法律的事实。

42 对默示废止规则不适用于宪法性法律原则这种激进解释的进一步支持，可以从劳斯法官有关直接有效的《欧洲共同体法》优于与之不一致的新法的说法中得到印证。[38] 这表明，默示废止规则不适用于作为宪法性法律的 1972 年《欧洲共同体法》。它并不是通过解释的方法来消除两个法律条款间的冲突。相反，在法律条款出现冲突时，不以新法推翻旧法，而是旧法优于新法，即与默示废止规则相反。

尽管有这些观点，但对劳斯法官主张的最好解释是，他只是分析了实际上以默示方式废止宪法性法律的难度。其一，即使劳斯法官提到的宪法性法律对默示废止规则是个“例外”

〔36〕 Ibid, at[60].

〔37〕 Ibid, at[63].

〔38〕 [2002]EWHC 195, [2003]QB 151, at[61].

(exception),但仅仅区分出这个“例外”现象,并不能为默示废止规则从不适用于宪法性法律提供充足证据。一般规定不得限制特别规定原则,在本尼恩看来,也是默示废止规则的一个例外。[39] 但是,本尼恩的这个“例外”没有被视为对默示废止规则的运用提出了挑战,也没有被当作对持续性议会立法至上的挑战。它是通过解释原则进行的分析。新法以一种解释方式,确保一般规定和旧法的特别规定不冲突。同样,劳斯法官的默示废止规则不适用于宪法性法律的“例外”,或许也正是此理。

其二,劳斯法官分析宪法性法律不受默示废止规则影响时,提及了这样一种方法,即由法院使用解释原则,来消除宪法性法律和未来立法的潜在冲突(potential conflicts):

> 为了通过制定新法的方式废止某项宪法性法律,或者克减一项基本权利,法院将适用下列标准:这项立法是否表明了立法者真实的而不是臆想的、建构的或者假设的立法意图,即立法者的意图是否真的是要废止这项宪法性法律,或者克减这项基本权利。我认为

---

〔39〕 Bennion, *Statutory Interpretation: a Code*, above n 14.

> 这个标准只能在新法中以明确的文字规定，才能得以满足，或者使用非常明白无误的文字，以至于对真实决定所产生的结果的推断是无可反驳的。默示废止的普通规则（The ordinary rule of implied repeal）没有满足这个标准，因此不得适用于宪法性法律。[40]

当分析宪法性法律和普通法律之间的冲突时，相比于处理两个普通法律间的冲突，更应假定议会没有意图默示废止旧的
43 立法中的条款。当只有明确的文字，或者文字非常清晰，以至于除了解释为有意图通过默示的方式废止旧有的宪法性法律外不可能有任何其他解释方法时，法院才被要求适用新的法律，推翻或超越旧法的条款。如果我们认为“默示废止的普通规则”仅仅是要求两个法律间有潜在的冲突，那么很清楚，那是无法满足劳斯法官提出的，明白无误地表达了立法者推翻宪法性法律条款的意图之标准。如果对默示废止规则的适用范围存有误解，则不是因为相信默示废止规则不得适用于宪法性法律，而是没有认识到默示废止规则是例外而不是一般规则。法院要竭力避

---

〔40〕［2002］EWHC 195（Admin），［2003］QB 151，［63］.

免两个法律间的冲突,并进一步努力确保实现议会推翻宪法性立法中旧的条款的真正意图。

其三,劳斯法官提出了一个实际的主张,即认为在实践中找到新法条款抵触旧的宪法性法律条款是有难度的,这一点在劳斯法官关于法克特塔梅第一案中的意见有较好的体现。劳斯法官认为该案所揭示的,并非 1988 年《商务船只法》在某种程度上废止了 1972 年《欧洲共同体法》,相反 1988 年《商务船只法》是根据 1972 年《欧洲共同体法》的法律条款规定而生效的。[41] 1988 年《商务船只法》应以确保其条款与 1972 年《欧洲共同体法》的条款不相冲突的方式进行解释。因此,默示废止规则在实践中不得适用。1988 年法律在 1972 年法律规定条款下予以实施,两个法律间不存在冲突。

其四,劳斯法官认为,1972 年《欧洲共同体法》并不构成默示废止规则的例外。劳斯法官指出,1972 年《欧洲共同体法》是宪法性法律,与直接有效的欧共体法律抵触的新法并不能超越直接有效的欧共体法律,新法在英国法律的效力来自 1972 年《欧洲共同体法》。然而,劳斯法官的主张混淆了两种形式的冲

---

〔41〕 Ibid, at[61].

突:一为国内法和直接有效的欧共体法律之间的冲突;二为两个国内法之间的冲突。1988 年《商务船只法》是国内法和直接有效的欧共体法律之间冲突的例子。该法并不许可西班牙国籍的渔船在英国水面捕鱼,但直接有效的欧共体法律条款却允许西班牙国籍的船只在英国水面捕鱼。但是,认为 1972 年《欧洲共同体法》的法律条款和 1988 年《商务船只法》的法律条款之间不得冲突至少是有争议的。1972 年《欧洲共同体法》要求 1988 年《商务船只法》的法律条款的解释和适用,应遵守直接有效的《欧洲共同体法》。但如果 1988 年《商务船只法》不可能按照这个方式被解释并予以实施,那么它就对根据直接有效的欧共体
44 法律被解释并实施提出了挑战。但是,至少认为对 1988 年《商务船只法》规定条款的解释,要求其条款在遵守直接有效的欧共体法律之下予以实施,是存在争议的,正如布瑞金法官在法克特塔梅第一案中的意见一样。他认为直接有效的欧共体法律的条款优于与之抵触的国内法的条款,因此,不一定得出这个结论,即 1972 年《欧洲共同体法》第 2(4)条优于与直接有效的欧共体法律条款相抵触的新法。

其五,将劳斯法官在法克特塔梅第一案中的意见,解释为主张默示废止规则不能实际适用于宪法性法律,这里可以有一个

更好的分析。他提到，由布瑞金法官主导的判决（the leading judgement），得出了1972年《欧洲共同体法》第2（4）条在对1998年法律的文字解释中具有法律效力的结论，也就是说要求对1998年法律的解释，不得以对直接有效的欧共体权利存有偏见为前提。[42] 对1998年的新法应当根据直接有效的欧共体法律条款解释，这一点既被案件的代理律师所肯认，[43] 也被政府所接受。[44] 在法克特塔梅第一案中，无人提及默示废止规则，因为双方当事人的律师都同意，1988年《商务船只法》条款和1972年《欧洲共同体法》可以通过解释保持一致。新法在旧法的内容中找到适当的含义，在直接有效的欧共体法律之下得以适用。这种解释就可以消除两个法律之间的冲突，也就意味着默示废止规则在这里并无用武之地。法律之间不存在冲突，因此就不需要新法推翻与其相抵触的旧法条款。本案只与解释原则的适用有关，与默示废止规则没有关系。

最后，上一段中认为宪法性法律不得被默示废止的观点正好和此处的司法意见契合，因为法院也认为某些基本法律的条

---

〔42〕 [1990]2 AC 85，140.

〔43〕 Ibid，at 89.

〔44〕 Ibid，at 114.

款，如果不是完全不可能，也是很难被默示废止的。以向贵族院特权委员会（the House of Lords' Committee of Privileges）提出的一起上诉案为例，该案涉及为英国议会选出的爱尔兰贵族的地位，其相关规定可以在 1800 年《爱尔兰统一法》（the Union with Ireland Act 1800）中找到，对此威博方斯法官（Lord Wilberforce）提出如下意见：

> 在谁有责任废止法律和议会的此部法律和其他法律哪一部将会被废止问题上，严格的法律规定并无不同。但是我有几分不情愿地坦白承认，如此具有宪法意义的有关《爱尔兰统一法》的这个法律，得符合默示废止规则，否则就是遵守过时的规则了——我更不愿承认的是，这种效力被认为是由一个新的立法导致的，而这个新的立法可以是经过一个特别程序来制定的。[45]

45 威博方斯法官不是主张默示废止规则不适用于宪法性法

〔45〕 *Earl of Antrim's Petition*（*House of Lords*）[1967]1 AC 691（Committee of Privileges）724.

律。相反,他正说明了当涉及宪法性法律时,寻找一个议会方面有明确的意图、以默示废止宪法性法律的事例,可能是有难度的。我们应确立反对默示废止规则的假定,尤其当新法内含明示废止法律条款时,这一假定的适用更为有力。当适用的法律具有宪法重要意义时,适用这一假定将更有说服力:我们可以更有力地主张议会没有意图默示废止一个具有宪法意义的法律。

宪法性法律进一步限缩了默示废止规则的适用范围,但这并不是说默示废止规则不适用于宪法性法律。相反,解释原则的适用确保了只有当两个法律条款间存有冲突时才适用默示废止规则的做法,在适用于宪法性法律时更有约束力。法院将竭力把新法解释为不与旧法条款相冲突,不与宪法相冲突。我们对劳斯法官判决的分析就已经提出了如何使其得以实现,即通过解释 1972 年《欧洲共同体法》第 2(4)条文字规定来实现。我们会进一步探索这种可能性。但是,对默示废止规则适用范围限制可能的进一步探讨,需要先将默示废止规则理解为一个特别废止的规定。

四、当同一个主题的法律间存有冲突时

亚当·汤姆金斯也提出了限制适用默示废止规则的另一法则:默示废止规则只能适用于两个法律就同一主题作出的规定存

在冲突之时。[46] 默示废止规则不能适用于两个规定不同结果的法律间存有冲突的情况,即法律本身规定了不同的主题。他就1972年《欧洲共同体法》和其后的与直接有效的欧共体法律相冲突的立法,作了进一步的专门分析。他认为,默示废止规则不能适用于在法克特塔梅第一案中出现的冲突,因为这是因两个不同主题的法律产生的冲突:一个是直接有效的欧共体法律植入英国法律,另一个是规定渔船登记限制问题。[47] 1972年
46 《欧洲共同体法》只能被以后的同样立法默示废止,即立法的主题同样是关于欧共体法植入英国法,或者是欧共体法和英国法的关系问题。

汤姆金斯以默含姆法官(Maugham LJ)就艾伦街案中的判决,印证了他对默示废止规则适用范围的主张:

> 议会就同一个主题在其后面的立法中,不可能规定不得被默示废止。[48]

---

〔46〕 A Tomkins, *Public Law* (Oxford, Oxford University Press, 2003) 107.

〔47〕 Ibid, at 119.

〔48〕 [1934] 1 KB 590 (CA), 597.

显然,默含姆法官将默示废止规则的适用,限制于对同一主题进行规定的两个法律间的冲突。在两个法律中的条款就同一主题作出规定,但相互冲突的情形下,默示废止规则不可能被置于一边。然而,议会后来制定的法律与先前的立法明显冲突的,先前的立法可能不被默示废止,那是因为它们并不是在同一个主题的框架里。相似的主张可以在斯特恩代尔法官(Lord Sterndale MR)在沃尔沃克诉菲尔丁案中的判决中觅得踪影:

> 这个原则是清楚的,当后法与新法所解决的主题根本不同,而且不包含会对涉及的主题有任何影响时,旧法不能被新法默示废止。〔49〕

对汤姆金斯有关默示废止规则适用范围最具说服力的支持意见可在索博案〔50〕中看到。案件所涉的冲突在1972年《欧洲共同体法》第2(2)条和第2(4)条与1985年《度量衡法》之间。1972年《欧洲共同体法》第2(2)条和第2(4)条创设了一个有预设力的亨利八世条款,根据该条款的规定,为了将欧共体法植

---

〔49〕 [1922]2 KB 66,71.

〔50〕 [2002]EWHC 195(Admin),[2003]QB 151.

入英国法，赋予行政机构委托立法的权力，行政机构可以使用委托立法以修改一级立法（primary legislation）。这样，一个有预设力的亨利八世条款，给予了行政机构修改1972年《欧洲共同体法》后的一级立法的权力。1985年《度量衡法》规定了公制和英制都为合法有效的计量单位。根据这个规定，欧共体通过了一个指令，规定在一些特定的大宗商品交易时，只有公制是合法有效的计量单位。1994年《统一计量条例》（Units of Measurements Regulations 1994）制定后，将欧洲的指令植入了英国法律。索博案和其他案件中的"公制殉道者"（Metric Martyrs）被追诉，只因其以英制卖货，违反了1994年《统一计量条例》。

索博案的辩护律师认为，1985年法律默示废止了1972年《欧洲共同体法》的部分条款，限制了其适用范围。行政机构不再享有制定委托立法的广泛权力，以将欧共体法植入英国法，它不再有权力通过规章废止在1972年后制定的1985年《度量衡法》中的合法的英制。劳斯法官驳回了这一主张，参照了默含
47 姆法官在艾伦街案中的判决，[51] 他认为，1972年的法律和1985年的法律间没有冲突，因此不适用默示废止规则。[52] 默示废止

〔51〕 Ibid, at[42].
〔52〕 Ibid, at[50].

规则不适用于这个情形的一个理由是，默示废止规则只适用于两个法律对同一主题产生冲突的情况。1972 年的法律涉及的是将直接有效的欧共体法律条款植入英国法律的问题。1985 年的法律关注的则是合法有效的度量衡的分类问题。因其所解决的主题不同，两个法律之间不可能有冲突。[53]

但是，对这些司法判词最好的解释，不是要求默示废止规则仅适用于规制针对同一主题的法律冲突，而是进一步保证当新法与旧法相冲突时，默示废止规则应当适用。在一般情况下，冲突只产生在规制同一一般性主题（same general subject matter）的法律之间。但是，冲突也可能产生在虽然总体上涉及不同主题但可能包含涉及同一主题的不同条款之间。默示废止规则并非只适用于规制同一一般性主题的法律之间的冲突，而是只适用于针对同一主题的两个法律条款之间的特定冲突。

第二个解释为艾伦街案和沃尔沃克诉菲尔丁案中的司法判词提供了较好的说明。在艾伦街案中，1919 年《土地征收补偿法》第 7(1) 条规定，根据本法规定，规制事项的"法律效力"，应当遵守本法法律条款的规定，而且与本法规定"不一致"

---

〔53〕 See, NW Barber and AL Young, 'The Rise of Prospective Henry Ⅷ Clauses and their Implications for Sovereignty' [2003] *Public Law* 112.

(inconsistent)的法律应当失去法律效力或者不得具有效力。辩护律师主张的1919年《土地征收补偿法》第7(1)条意味着该法只能经明示方式废除不得经默示方式废止。因此,1919年《土地征收补偿法》创设了特别的形式和方式要求。如果我们在这样的语境中解释法官默含姆的判词,则他对1919年《土地征收补偿法》第7(1)条规定的含义作出了清楚的说明,并清楚地解释了为什么不能按照辩护律师提出的方式来解释。1919年《土地征收补偿法》第7(1)条力求使1919年法律的条款具有刚性,它通过规定与1919年法律规定同一问题的所有法律的效力应当在1919年法律条款之下,并在出现不一致的情况时,与1919年法律不一致的法律条款不具有法律效力。以此种方式,议会不能制定有效法律,因为这样做将有违默示废止规则。尽管
48 1919年《土地征收补偿法》第7(1)条规定,与其不一致的法律条款将无效,即适用默示废止规则,但是与1919年法律不一致的未来的法律条款,将默示废止1919年法律,包括第7(1)条在内的1919年法律将会失去法律效力。在这个意义上,"议会不可能制定法律,规定在以后规定同一问题的立法中,不得适用默

示废止规则”。[54]

尽管斯特恩代尔法官在沃尔沃克诉菲尔丁案中,主张默示废止规则不适用于两个处理不同主题的法律间产生的冲突,但他也很清楚地指出,当“后来的立法根本不涉及之前的法律解决的主题”[55]时,默示废止规则不适用。他关注的不是对同一一般性主题规定的两个法律间显现的冲突,相反,他关注的是认定是否在两个法律条款间存在所谓的冲突。这只可能发生在面对同一主题,但新旧两个法律的条款却相互抵触的情形下。当这种情形出现时,新法条款默示废止了旧法条款。

当斯特恩代尔法官的主张在下面的语境时,这个解释更有说服力。沃尔沃克诉菲尔丁案涉及的是一个一般性法律规定和一个专门的法律规定间的冲突问题。1882 年的一项法律赋予督查委员会(Watch Committee)撤销一名县警察职权的督查权力,而 1919 年的一个新的法律则赋予了内政大臣(Secretary of State)制定规章的权力,以管理警察权力,规定要求警察当局服从规章的有关规定。内政大臣颁布了一项规章,规定了当一名警官面临诉讼时,警察当局应当遵循的程序。1919 年的这项法

---

〔54〕 [1934]1 KB 590(CA),597.

〔55〕 *Wallwork v Fielding*[1922]2 KB 66,71.

律，或者根据这项法律制定的规章所设定的程序中，没有任何涉及撤销一名警察的权力的规定。在这两个法律中，条款间没有产生冲突，因为旧的法律条款规定的是专门的问题，它并没有被新的法律的一般性条款所推翻。旧的法律涉及的权力是撤销一个警官的权力，而新的法律则是关系制定规章以管理警察的一般权力。虽然两者都涉及警察的管理，但新法的条款和旧法的条款间并没有冲突。因此，无须适用默示废止规则。

索博案也最好理解为这样的事例：将默示废止规则的适用限制在如下范围内，即两个法律条款规范同一主题时出现的冲突，而不是要求两个法律规范的问题从总体上属于相同的领域。当在分析默示废止规则时，劳斯法官并没有明确提及默示废止规则的适用，需要法律对同一主题予以规范。相反，他说道：

49 如果对议会制定的前后法律，基于真实解释以使这些法律的条款的不一致无可避免时，新法可以默示废止旧法。[56]

---

〔56〕［2002］EWHC 195（Admin），［2003］QB 151，［37］.

1972 年《欧洲共同体法》和 1985 年《度量衡法》的条款间并没有不一致的情况,因为在两个法律的条款间没有不可避免的不一致条款。1972 年《欧洲共同体法》第 2(2)条和第 2(4)条赋予行政机关委托立法权力,以修改或推翻一级立法,即使立法是在 1972 年《欧洲共同体法》之后,从而实现将欧共体法植入英国法的目的。1985 年《度量衡法》第 1 条并没有撤销或修改任何给予行政机构的权力,只是列出了合法有效的计量方法,包括英制。其条款并没有与 1972 年《欧洲共同体法》的规定不一致。确切而言,它只是提供了一个范例:一个未来的法律,其条款根据 1972 年《欧洲共同体法》的规定,可以由该法授予的权力予以修改。

关于默示废止规则的效力,仅仅适用于两个就同一主题进行规范的法律间的冲突的主张,并没有提出对默示废止规则更多的限制,相反,最好将它们理解为这样一种认可:当法院面对两个来自不同法律的法律条款而条款间又水火不容时,默示废止规则才能适用。法院不可能根据旧法解释新法。其结果是,新法的条款默示废止了旧法的条款。

五、特定废止

默示废止规则的范围较之于乍看时要狭窄。我们一般假定反对默示废止规则。默示废止规则最好不要视为法则,而要看成例外。在显示冲突的多数情况下,法院将新法解释为与旧法不发生冲突,只是有时候,可能显现出一个旧议会的意愿高于一个新议会的意愿。一般规定不得限制特别规定原则确保了新的一般立法条款并不会默示废止旧的更特别的立法。新的特别立法不解释为默示废止了更一般的旧的立法条款。相反,新的立法将会解释为对旧的更一般条款的一个新例外。反对默示废止的假定在适用宪法性法律时更加有力。只有特别的或者是明确的议会的文字规定,才足以推翻这个假定,也就是新法能够解释为没有与旧的宪法性法律抵触的假定。我们对默示废止规则范围的分析,也揭示了默示废止和解释之间的密切联系。默示废
50 止只适用于这种情形,即当新法条款不可能解释为与旧法条款没有特别的冲突之时。为了更清楚地理解这点,我们需要探讨法律条款的宽泛分类,以便决定法律条款之间什么时候会发生特别抵触。

我们已经区分了实体法律条款与方式和形式条款的不同。持续性议会立法至上,只在默示废止规则适用于方式和形式条款,如同适用于实体法律条款时,才能得到坚持。这一区分也可用于阐释新法抵触或不抵触旧法条款的方法。当新的实体法和

旧的实体法条款之间的抵触非常清楚时，两个实体法律条款之间的冲突就会出现。例如，如果 A 法律规定了一个条款，禁止在双黄线上停车，新法 B 法律却许可在双黄线上停车，那么这两个法律条款很清楚是相互抵触的，这就得适用默示废止规则。B 法律，也就是新的法律，将默示废止 A 法律的相关规定条款。然而，如果 A 法律禁止在双黄线上停车，B 法律禁止在双蓝线上停车，那么就不会发生冲突。这里没有法律间的抵触问题，因为 B 法律只是增加了一个禁止停车线。如果 B 法律允许救护车停在双黄线上，那么也不存在冲突，其被解释为对旧法的一般条款提出了一个特别的例外。如果一个新法规定了停车的一般条款，许可汽车停在牛津城中心所有的路上，那么也不会引发冲突。新法的一般性条款也不得默示废止旧法关于禁止在双黄线上停车的特别规定，包括那些在牛津城中心路上涂成黄色的双线。

在方式与形式条款间的冲突有两种明显的情况。其一，如果两个法律制定了相互抵触的方式与形式条款，那么冲突就会产生。例如，可能有这样的情况，A 法律规定涉及违法停车的法律，该法律只能在议会平民院和贵族院以 2/3 多数通过立法，予以修改。B 法律可能规定，需经平民院和贵族院 4/5 的多数通过法律，以修改有关违法停车的法律，这时所产生的冲突，就如同我们在上面分析的实体法律条款间的冲突。两个特别的法律条款互相抵触，以取得 4/5 的多数要求取代了 2/3 的旧的要求。其二，如果 C 法律修改了违法停车的法律，而未经平民院和贵族院中 2/3 的多数投票表决，那么未取得平民院和贵族院 2/3 多数通过而制定的这项法律，则默示废止了旧法中方式和形式的法律规定。这不是关系两个法律条款间的特别冲突，相反，这一冲突体现为新法是以与旧法抵触的方式制定出来的。

51 当我们在分析默示废止规则适用于授权性规则（power-conferring）而不是义务性规则（duty-imposing）时，就出现了更为复杂的情况。上面分析的两个例子都涉及义务性规则，即事关违章停车的义务性规则的实体法律条款间的冲突。法律规定了不得在双黄线或双蓝线违规停车的义务，而有关方式或形式条款的冲突关系到立法机关如何承担制定合法性法律的义务。法律对立法机关设定了如下义务：如果他们意欲通过立法规制违法停车，那么就必须取得平民院和贵族院 2/3 或 4/5 的多数通过。

授权性规则并不是用来设定义务，而是授权每个主体从事某种行为。1998 年《人权法》第 10 条和 1972 年《欧洲共同体法》第2(2)条都属于授权性规则。它们授予行政机构以委托立法修改一级立法条款的权力,既确保与《欧洲人权公约》权利一致,又实现了将欧共体的法律条款植入英国法律之目的。这不是对政府大臣设定行为方式的义务,尽管明确指出了大臣应当制定委托立法。例如,《人权法》附表2规定,根据本法第10条的规定,制定的委托立法在制定前,需提交议会两院并经其同意,除非制定的法律事关紧急问题。

当两个法律的条款对同一主体设定了相互抵触的义务,两个设定义务的条款间就会产生冲突。这或许可以提供一种可能的解释,为什么默示废止规则在法克特塔梅第二案中,[57]并没有适用于1972年《欧洲共同体法》和1988年《商务船只法》之间的冲突。《欧洲共同体法》要求法院根据直接有效的欧共体法律的条款,承担解释并实施所有立法的义务,包括那些1972年《欧洲共同体法》通过后制定的法律,都应当服从直接有效的欧共体法律,解释并适用。1988年《商务船只法》含有与直接有效的欧共体法律冲突之条款。虽然两者都是义务性法律,但1972年《欧洲共同体法》是给法院设定的义务,而1988年《商务

〔57〕 *R v Secretary of State for Transport ex parte Factortame Ltd and Others*(*No 2*)[1991]1 AC 603(HL).

船只法》是给那些想要在英国水面捕鱼者设定的义务。两个法律条款之间不存在冲突,除非 1988 年《商务船只法》有条款规定,使法院不可能履行义务,根据直接有效的欧共体法律的规定适用 1988 年《商务船只法》。至少,可以讨论的是,法院可以继续履行其义务,通过将《商务船只法》的规定解释为例外情况,即只适用于非欧盟成员国国籍,根据直接有效的欧共体法律规定,适用 1988 年《商务船只法》。

52 围绕默示废止规则适用于《人权法》第 3(1)条,就更为复杂了,因为第 3(1)条是一条职权授予型规则(duty-conferring rule),当法院不可能履行其义务时,该规则为法院规定了义务和相关联的权力。这种分类有助于说明为什么《人权法》第 3(1) 条没有默示废止与欧洲公约权利抵触的旧法的条款。欧文法官阐释了这一结论,他认为,1998 年《人权法》建立了默示废止规则的不同机制,其条款依赖于解释而不是废止以保护公约权利。[58] 他进一步指出,如《人权法》没有将《欧洲人权公约》所规定的权利引入英国法,那么就不存在默示废止规则的适用。因此,《人权法》与违反《欧洲人权公约》的旧法条款之间

〔58〕 Hansard HL vol 584, col 1261(19 January 1998).

的冲突也就无从谈起。[59]

尼古拉斯·班福斯(Nicholas Bamforth)赞同这个结论,同时,基于《人权法》第3(1)条的规定,他提出了不尽相同但更好的说明。《人权法》第3(1)条规定法律的解释和实施要以和公约权利一致的方式作出,到目前为止,这样做是可能的。因此,法院或者可能解释并实施旧法以消除其与《欧洲人权公约》明显抵触的规定,或者发现不可能使用这种方式。在第一种情形下,《欧洲人权公约》得到了保护,在第二种情形下,法院可能只作出一个公约不一致宣告。这两种情形都不存在法律和《人权法》之间的冲突:两种情形都是对《人权法》第3(1)条的适用。不存在新法默示废止旧法,因《人权法》中没有旧法必须与《欧洲人权公约》相符的要求。法律只是要求在可能的情形下,以与公约相符的方式解释和适用。[60] 同样,新法的条款如果与公约权利不相符,那么也不能默示废止《人权法》。如果法律的条款能够以与《欧洲人权公约》相符的方式解释,那么法院就会解释并适用新法,根据《人权法》第3(1)条之规定,消除不相符的

〔59〕 Ibid.

〔60〕 N Bamforth, 'Parliamentary Sovereignty and the Human Rights Act 1998' [1998] *Public Law* 572, 575.

情况。如果不是这种情形，则新法并没有抵触《人权法》第3(1)条。相反，《人权法》第3(1)条会被适用，这种法律就成为证明不可能通过解释新法以消除法律与公约权利不一致情形的一例。[61]

班福斯的分析依赖于《人权法》第3(1)条作为一个有限的义务施加型规则(duty-imposing rule)的特性。《人权法》第3(1)条对法院设定的义务是以与公约权利相符的方式解释并适用立法，目前法院可能这样做。《人权法》第4条给予法院进
53 一步的权力，当解释和适用法律不可能确保做到法律与公约权利相符时，法院就发出一个不相符的说明。抵触《欧洲人权公约》的立法并没有加诸法院一个冲突的义务，而仅仅提供了一个范例说明立法不能经解释确保其与公约权利相符。这并没有抵触《人权法》第3(1)条的规定，因为第3(1)条的规定仅仅对法院施加了一个有限而非绝对的义务。

这种对《人权法》第3(1)条规定性质的区分，引发了对第

[61] Ibid.

3(1)条规定本身,是否也可以被默示废止的疑问。莱斯特(Lester)[62]和安东尼·布拉德利(Anthony Bradley)两位法官[63]显然主张《人权法》第3(1)条规定只能通过明示废除而不得默示废止。然而,更好的解释则是《人权法》第3(1)条的规定可以被默示废止,但只有在未来立法的条款使法院面临互相抵触的解释义务的情况下。例如,一个2008年的法律,要求所有立法,以与《欧盟基本权利和自由宪章》(EU Charter of Fundamental Rights and Freedoms)相一致的方式解释,这就部分地默示废止了《人权法》第3(1)条的规定。如果公约权利与欧盟宪章条款有冲突,那么法院就会面对相互冲突的义务(contradictory duties)。[64]

授权性规则间的冲突,只发生在两个不同的授权性规则的

---

〔62〕 Lord Lester, 'Opinion: The Art of the Possible—Interpreting Statutes under the Human Rights Act' [1998] *European Human Rights Law Review* 665, 670 and 'Interpreting Statutes under the Human Rights Act' (1999) 20 *Statute Law Review* 218, 221.

〔63〕 A Bradley, 'Conflicting statutory provisions—the impact of fundamental rights' (2001) 151 *New Law Journal* 311. But see M Shrimpton, who argues that Bradley's interpretation contradicts parliamentary legislative supremacy in 'Implied and Express Repeal' (2001) 151 *New Law Journal* 450.

〔64〕 尽管实质上结果将会如适用《人权法》第3(1)条一样,因为该宪章包含的权利与《欧洲人权公约》中的权利相似。

法律条款之间,存有一个特别的冲突情形,以致新法的权力抵触了旧法的权力之时。例如,假设的2008年《人权法修正案》第1条,将立法修改一级立法的权力限于制定1998年《人权法》之前的一级立法,那么它就会默示废止1998年《人权法》第10条。这将会抵触《人权法》第10条中的有预设力的亨利八世条款,该条款赋予了行政机构通过委托立法,修改1998年《人权法》之后制定的法律的权力。一个新的实体法律条款不能抵触一个旧的授权性条款。这就阐释了为什么1985年《度量衡法》不得默示废止1972年《欧洲共同体法》第2(2)条的规定。1985年《度量衡法》没有侵犯授予行政机构的权力,行政机构享有为执行植入英国法的欧共体法修改1972年之后立法的权力。

对默示废止规则范围和默示废止规则与解释权关系的明确,为我们的分析提供了一个平台,据此可以分析为什么《人权法》能够为公约权利提供更强有力的保护并与持续性议会立法至上原则没有冲突。《人权法》第3(1)条已经要求法院应穷尽一切可能解释立法以确保与公约权利相一致,并且使之看起来
54 免于适用默示废止规则,尽管如我们所分析的那样,这种豁免恰恰是因为《人权法》第3(1)条精确的文字规定和默示废止规则适用的复杂性。下面我们将讨论人权可以赋予刚性的其他方

法——由于解释原则和默示废止规则适用范围狭窄，可能出现人权刚性的情况。

第三节　如何赋予人权“刚性法律效力”

很明显，《人权法》并没有导致公约权利的刚性，然而，默示废止规则的范围和它在《人权法》第3(1)条中的适用，可能给予《人权法》一个刚性法律效力的形式。新法与公约权利抵触时，并不能默示废止《人权法》第3(1)条。这并不是因为《人权法》第3(1)条具有刚性，只能通过明示的方式予以推翻，不得默示废止，而是因为与公约权利抵触的新法，并不能抵触《人权法》第3(1)条中规定的义务性条款部分。然而，这种刚性法律效力，对人权的保护只是一个弱型的保护。由于《人权法》要求对立法的解释和适用，只能以确保与公约权利相符的方式，到目前为止这点是可能实现的，因此后来的立法就有可能推翻人权。下面我们将分析三种可能的方法，在坚持持续性议会立法至上的同时，《人权法》可实现其刚性法律效力，从而为人权提供一个强势的保护。

一、解释与适用

为公约权利提供一个更为强势的保护的第一种可能的模式是1972年《欧洲共同体法》第2(4)条的规定，该规定要求“任何制定的法律或将要制定的法律……应当在本法下列条款之下予以解释和生效”。1972年《欧洲共同体法》第2(1)条规定的“权利、权力、职责、义务和限制”均来自欧共体法律。因此，1972年《欧洲共同体法》第2(4)条的解释就是，所有的法律，包括那些已制定的，并于1972年《欧洲共同体法》之后生效的法律，将在直接有效的欧共体法律条款规定之下予以解释并生效。

1972年《欧洲共同体法》和1998年《人权法》间存在的三处差异，可以阐释为什么修改《人权法》使之接近1972年《欧洲共同体法》第2(4)条，将会为公约权利提供更为强势的保护。其一，1972年《欧洲共同体法》第2(4)条没有限制法院解释和适用立法，以确保立法在直接有效的欧共体法律之下生效的义务。
55 例如，没有要求法院应当竭力解释法律，以尽可能地保证它们在直接有效的欧共体法律之下生效；也没有在法院无法通过解释使立法根据直接有效的共同体法律生效之时，赋予法院替代的权力(an alternative power)。其二，不要求法院“解读”(read)，但法院可以“解释”(construe)法律条款，“解读”显然要求法院仍然注意法律的文字规定，提出一个对法律条款的可能的解释。对一个法律的"解读"很大程度上可能是限制在文字含义上，解释原则注重的是辨别法律的条款含义。"解释"则允许法院走得更远，脱离仅仅从语义学上"解读"法律条款含义的那些限制。其三，或许更为重要的是，1972 年《欧洲共同体法》第 2(4)条并没有要求法律的生效要以与欧共体法律相符的方式(in an manner compatible with Community Law)，但是，要"根据"直接有效的欧共体法律。这说明法院要优先考虑直接有效的欧共体法律条款，即使面对与未来法律可能的冲突。

如上分析，1972 年《欧洲共同体法》加诸于法院的义务，涉及对未来法律的解释方法。如果法院不能解释法律条款，并在直接有效的欧共体法律之下适用法律条款，那么 1988 年《商务船只法》将只能默示废止 1972 年《欧洲共同体法》第 2(4)条。有一种可能，这种可能的方法也许就是，法院将在直接有效的欧共体法律之下的 1988 年《商务船只法》中的"英国人"，解释并适用为"欧洲人"，这就消除了冲突，从而使欧盟的船主可以在英国予以注册，并可以在英国水面捕鱼，也就与《欧共体条约》第 43 条的原则和其后的第 52 条的规定相吻合了。

法克特塔梅第一案的推理更进一步地提供了一种方法，以避免1972年《欧洲共同体法》和1988年《商务船只法》之间的冲突。如果我们将1972年《欧洲共同体法》第2(4)条解释为，要求所有的立法都要包括一个规定，即法律条款在直接有效的欧共体法律之下生效，那么，即使立法与直接有效的欧共体法律相冲突，也能够被解释，并在直接有效的欧共体法律之下生效。[65] 事实上，法院以一种选择方法(a disjunctive manner)对1972年《欧洲共同体法》第2(4)条进行了解释。法院首先竭力解读了英国法律的规定，以确保在直接有效的欧共体法律之下予以生效，但是如果不可能，就会要求法院确保法律在直接有效
56 的欧共体法律之下适用。尽管这样，可能会出现对1972年《欧洲共同体法》的一种紧张性解释(a strained interpretation)，但可以证成为实现1972年《欧洲共同体法》之目的。1972年《欧洲共同体法》的目的恰是要求英国作为欧共体成员，现在是欧盟成员*，遵守其成员义务，包括坚守直接有效的欧共体法律的至

〔65〕 这一点常被指称为法克特塔梅案的“建构式”理解。See, PP Craig, ‘Sovereignty of the United Kingdom Parliament after Factortame’ [1991] 11 *Yearbook of European Law* 221, 251. A similar argument was made by Denning MR in *McCarthy's Limited v Smith* [1981] QB 180. TRS Allan, ‘Parliamentary Sovereignty: Lord Denning's Dextrous Revolution’ (1983) 3 *Oxford Journal of Legal Studies* 22.

* 本书成书于2009年，其时英国尚未脱欧，仍是欧盟成员。——译者注

上性之义务。[66]

上述分析并不是对法克特塔梅诉讼案的最终解释。虽然可能解释了法克特塔梅第一案的结果,但重要的是,解释并在法克特塔梅第二案中得到遵循。然而,它提出了一个分析路径,即《人权法》的规定能够进行新的文字解读,为公约权利提供更强势的保护,而并不抵触持续性议会立法至上。当然,指出这个方法对人权保护的两个弱点也是很重要的。

其一,它仅实现了刚性效力。虽然,议会制定与公约权利抵触的立法并非易事,但也并非不可能。如果《人权法》第3(1)条被重新解读,要求法院在直接有效的欧共体法律之下解释并适用立法,那么,这一规定仍然能够被未来的立法通过对法院设定一个冲突解释义务而默示废止。这种可能就会变为现实,例如,制定一个包括这样条款的法律,即要求法律或者某些法律条款生效,"尽管"(notwithstanding)公约权利有所规定,或者"忽视"(regardless)公约权利或《人权法》第3(1)条的新文字规定,那

[66] For further discussion see TRS Allan, *Law Liberty and Justice: the Legal Foundations of British Constitutionalism* (Oxford, Clarendon Press, 1993) 274 – 80 and TRS Allan, *Constitutional Justice: a Liberal Theory of the Rule of Law* (Oxford, Oxford University Press, 2001) 228 – 9.

么，议会也还有可能通过立法，明示废止对《人权法》第3(1)条的新解读。

其二，《欧洲共同体法》第2(4)条的规定清楚地将适用默示废止规则付之阙如，这一点可以清楚地从法院有义务将解释与适用(give effect)根据欧共体法直接有效的法律区别开来这一点中得到证实。这样就要求法院将立法适用于直接有效的欧共体法律之下，即使立法不能够解释为在直接有效的欧共体法律之下生效。这种选择性解释恰是对1972年《欧洲共同体法》的目的实现的证成。“解释并适用”(construe and give effect)的这种解释方法，或许对新近的《人权法》的新解读没有可能性。它将有赖于是否具有足够的证据，以支撑议会有意图将所有的立法置于公约权利之下生效的主张，取决于议会通过立法，确保公约权利超越与其相抵触的议会立法条款。考虑到《欧洲人权公约》没有包括与直接有效的欧共体法律的至上性相称的原则，或许议会的这种意图证据很难提供。

57 **二、主要和次要法律条款和合法性原则**

给予公约权利更为强势的保护的第二种方法，较之《人权法》第3(1)条的规定可以作出一个更为详尽的分析。我们需要对主要法律条款和次要法律条款的界限进行分析。这个界限存在于当我们解决在同一个法律中,不同条款间产生冲突之时。当这种冲突发生时,主要法律条款优先于次要法律条款。例如,假设2008年《刑事法》第1条规定,“本法不得适用于对任何人的犯罪溯及追惩”,而第15条却规定,本法对密谋从事恐怖活动的新的犯罪行为具有溯及力(retrospective effect)。因而,这同一法律中的两个条款相互间就有了冲突。法院就得决定第1条和第15条哪个条款是主要法律条款,以消弭两者间的冲突。如果法院的结论是,第1条是主要法律条款,因为涉及刑事法律长期以来的原则,而且这一原则适用于所有的犯罪,那么第1条比第15条更为优越。因此,对第15条的解释将使新的犯罪不具有溯及力。

主要条款超越次要条款的原则可用于实现刚性效力,除了适用于同一法律中存有的不同条款的冲突,还可以扩大适用于不同法律中的条款间的冲突。此外,1998年《人权法》应被重新解读为要求在英国法律中保护公约权利。这一新的法律条款也应当划分出主要法律条款,而且它应超越那些与公约权利相抵触的任何其他法律条款,即使这将会包括那些保护公约权利的旧法的条款,超越那些与公约权利相抵触的新的法律的条款,但这并不会与默示废止规则相冲突。那些相互抵触的条款间的潜在冲突,将通过解释得以消弭。要求主要条款超越次要条款,这种方式与一般规定不得限制特别规定相似。

有一个可能的例子可以说明这一原则如何得以实现,那就是新西兰上诉法院在 R 诉波拉案[67]中少数法官的意见。波拉案涉及同一法律,即 1985 年《刑事司法法》中不同条款的冲突问题。然而,条款虽然在同一个法律中,但不是同一时间制定的。与前边条款相冲突的第二个条款,是通过较晚的一个法律修定被纳入 1985 年《刑事司法法》之中的。该法第 4(2)条,则是 1985 年法律制定之时的条款,该条款禁止溯及既往的惩罚,禁止制
58 定惩罚性的法律,以惩罚法律制定当时犯罪人不可能犯的罪。1985 年《刑事司法法》中的第 80 条,后来由 1999 年《刑事司法修正案》第 2(4)条加入,该条明确规定在谋杀罪中,当杀人者同时涉及闯入被害人家中,应当判处终身监禁,并最少服 13 年强制刑期。该处罚适用于即使犯罪人犯罪时,法律尚没有生效之前。这个条款同时写入 1999 年《刑事法(侵入住宅编)》中,先于 1999 年《刑事司法修正案》13 日生效。

波拉被认定犯有入室谋杀罪,但是犯罪发生在《刑事司法

〔67〕［2001］2 NZLR 37(Court of Appeal of New Zealand).

修正案》生效之前。新西兰上诉法院认定波拉并不属于第80条规定的情况，因此，其刑期不属于最少13年强制徒刑的要求。多数派法官达成一致，认定第80条作为新的更为具体的法律条款，推翻了第4(2)条的规定，但是该法律条款的适用是有限制的。他们只是在13日问题上适用了溯及力，这13日的间隔产生于即将生效的《刑事司法修正案》和1999年《刑事法(侵入住宅编)》之间，波拉在此时间段并没犯罪。少数派法官拒绝适用这个原则，反而认为，《刑事司法法》第4(2)条作为一个主要条款，高于第80条的规定，应当优先适用。因此，第80条不具有溯及力。

特别有趣的是，少数派得出结论的方式，显现了对默示废止规则的拒绝，也认可了这并没有挑战持续性议会立法至上。他们的论证来自1990年《权利法案》(新西兰)和由皮尔森提起的R诉国家内政部长案[68]及由西姆斯提起的R诉国家内政部长案[69]所创建的合法性原则。将这些结合起来，就意味着保护基本权利的法律条款只能由明示废除推翻，或者说新的特别的文字表达出了推翻基本权利的立法清晰意图。《权利法案》(新西

〔68〕 [1998]1 AC 539(HL).
〔69〕 [2000]2 AC 115(HL).

兰)第6条有规定如下:

> 任何立法具有与本法中蕴含的权利和自由相一致的含义,那么该含义较之于其他含义更为优先。

少数派将该条款解释为要求法院适用1985年《刑事司法法》之含义,该法保护不受溯及既往惩罚的权利。这可以通过运用合法性原则(the principle of legality)得以实现。合法性原则要求"基本权利不得被一般性或者模糊性文字所推翻"。[70]
59 因此,分析保护基本权利的法律条款和主张限制基本权利的法律条款间的潜在冲突时,主张限制基本权利的法律条款可以被解释为与基本权利相一致,除非它明确地、特别地以推翻基本权利为目标。1985年《刑事司法法》第80条并没有明确地或者说特别地规定,推翻《刑事司法法》第4(2)条中的有关反对施加溯及既往惩罚的条款。因此,第4(2)条规定的适用优于第80条。作为主要法律条款的《刑事司法法》第4(2)条推翻了作为次要条款的第80条。第4(2)条划为主要条款是基于1990年《权利

---

[70] Ibid, at 131 (Lord Hoffmann) cited in Pora [2001] 2 NZLR 37 (Court of Appeal of New Zealand), [53] (Elias CJ and Tipping J) and [157] (Thomas J).

法案》(新西兰)和合法性原则的结合。[71] 因而,主要法律条款优于次要法律条款的原则,也可以扩展适用于同一法律中的法律条款间的冲突,即当某一法律条款以修正案的形式在另一法律条款之后制定的情形。

在波拉案中,少数派的意见在于关注同一个法律中条款间存有冲突。然而,由于次要法律条款制定于主要法律条款之后,这一原则可以类推适用于在两部不同的法律间法律条款产生的冲突。默示废止规则会显示出要求《刑事司法法》第 80 条应当推翻第 4(2)条,因为第 80 条制定在第 4(2)条之后。因此,当在同一法律中,一个旧的主要法律条款推翻了一个新的次要法律条款,如果不适用默示废止规则,那么,也可以认为默示废止规则不适用于不同的法律间新旧主次法律条款间的冲突。主要法律条款优于次要法律条款的原则用于避免两个法律条款间的冲突。新的法律条款与旧的法律条款没有冲突,因为相对于旧的主要法律条款,新的法律条款被解释为次要法律条款,其效力低于旧的法律条款。

由此,如果《人权法》被重新解读为,为了保护公约权利,并

〔71〕 Pora, ibid, at[36] – [40](Elias CJ and Tipping J) and[149](Thomas J).

被视为主要法律条款,就可以实现刚性效力。将《人权法》的新法律条款归类为主要法律条款,可以从合法性原则中得到支持。其结果是,新的立法与公约权利相抵触时,可以解释为要根据保护公约权利的主要法律条款,立法才能适用。再次说明,这一点并不能使公约权利成为刚性权利。议会仍然可能制定与公约权利相冲突的立法。如果议会意图制定一个新法律条款,要求立法与一系列不同的人权条款相符合,或者与被法院解释为主要法律条款的公约权利不相符,那么可以通过默示废止规则予以
60 实现。默示废止规则也可以适用于议会意图制定法律,明确规定虽然与公约权利规定不一致,但该法也可以生效。

三、无效法律

我们已经分析了解释原则如何运用,以避免宪法性法律和新的法律条款间的冲突。尤其是,我们认为对劳斯法官在索博案的判词的最好解释就是,认识到事实上因为法院将会竭力确保新的法律条款的解读,与旧的宪法性条款相符合,因此默示废止规则适用于宪法性法律条款的情况鲜有发生。无效法律规则与我们对索博案的解释是相似的,它适用于基本权利和一个看起来会否定基本权利的新的法律之间的冲突。如果法院的意见是那个法律是“无效”的——也就是法律碰巧推翻了基本权

利——然后法院赋予新法条款以与公约权利相符合的法律效力。当立法机关制定了有悖基本权利的法律时，其被视为无意间推翻了基本权利，然而，如果是议会特别地、明确地意图制定与公约权利相抵触的法律的情形，则并不能简单对待了。

在波拉案的少数派意见中，我们可以再次看到适用这个规则的例子。《刑事司法法》第 80 条并没有默示地废止第 4(2) 条，这点来自将第 80 条解读为是“无效”的，这是对少数派判决结论的进一步证明。有人认为，新西兰议会并没有真正地意识到，第 80 条将与禁止溯及既往的原则相冲突，只是以为终身监禁仅是固定的刑期的组成部分，只可能影响保释的决定，而不是一个惩罚的例子。事实上，当需要解决两个明显的法律条款之间的冲突时，会考虑法律的“无效”问题。《刑事司法法》第 4(2) 条具有优先性，因为并不清楚议会有特别地、明确地制定与不得追溯既往权利相冲突的法律的意图。[72]

尽管无效法律规则或许与劳斯法官在索博案中的判词有些许相似，但无效法律规则有更为宽广的潜在适用范围。法律认定为无效不仅因其与基本权利相抵触，而且因为在波拉案中少

〔72〕 Ibid, at[45]–[47](Elias CJ and Tipping J) and[153](Thomas J).

数派意见推断，通过立法确认一个适用溯及既往的犯罪并非议会的真实意图。议会并没有意识到设定终身监禁中的强制要素会被划定为“刑罚”，并适用不得溯及既往原则。法律中明确文字的含义和议会意图间是有偏差的，对此理解的例子也可在英
61 国国会议事录（Hansard）部长声明里看到，这个声明提供了法律无效的证据。尤其是，1998 年《人权法》第 19 条提供了有关法律的文字和议会意图存在偏差的更多证据，特别发生在第 19 条的本意是为实现与公约权利相符合的立法生效而做，但后来发现法律的问题则是与公约权利不相符合。但是，议会特权原则在实际上意味着，无效法律规则与法院现在能够通过解读法律确保法律与公约权利相符合的方式没有什么两样。

与可以对公约权利提供更强有力的保护的其他方法相同，议会将仍然保有制定与公约权利相抵触法律的权力，这可以通过默示废止规则得以实现，仅仅需要议会清楚地表明其意图是制定与公约权利相抵触的法律。假如从政府的立法主张、议会就立法所做的辩论记录和声明中，可以清楚地看到，立法者确实有议会所做的存有疑问的法律制定的历史和在议会中所做的与公约权利相抵触的立法意图，那么，法院就很难解释该法律为无效法律。默示废止规则将会被适用，新法也就可能推翻保护

公约权利的法律条款。

第四节　结　语

在不违背持续性议会立法主权的原则的前提下，为公约权利提供较之《人权法》更为有力的保护，是可能的。最为有力的保护来自《人权法》第3(1)条的修正，要求法院解释并适用立法，而且是将立法的条款置于公约权利之下。这可以由法院将认定《人权法》第3(1)条为主要条款并具有优先地位结合起来，在它与新的次要条款冲突之时，谨慎地审查所有限制公约权利的立法，以确保这些立法并不会无效。为公约权利实现刚性效力提供更强有力的保护，使立法机构难以制定与公约权利相抵触的法律。这也使1998年《人权法》显现出超越并高于限制公约权利的新法。然而，正如前面所提到的，议会仍有可能制定与公约权利相抵触的法律，仍然可以通过制定法律以默示废止对公约权利强有力的保护实现这个目的。

我们的观点集中于默示废止规则的范围，这是因为我们认为，默示废止规则的适用范围充分说明的确存在持续性议会立

62 法至上。然而,对公约权利的这些强有力的保护,并不会与持续性议会立法至上冲突。为分析这种充足结论,我们需要返回到默示废止规则支持持续性议会立法至上的路径。持续性议会立法至上要求默示废止规则既适用于实体法律条款,也适用于方式和形式法律条款。反过来,这也就确保议会不得约束其继任者,尤其是不得以强制立法手段(legislative measures)进行。如果有这么做的意图,新的相冲突的立法将默示废止旧的法律。

前面分析的刚性效力,并没有对议会不得约束其继任者的宪法正统观念构成挑战。这种刚性效力,或因创设一个默示废止规则的新的例外而产生,或通过使用解释原则以消弭法律间明显的冲突。这样,法院通过《人权法》第3(1)条的修正,有赖于解释以消弭可见的法律冲突,这既满足了对法律的适用置于直接有效的公约权利之下的要求,也通过对"无效法律"的分析创设了刚性效力。主要法律条款优先于次要法律条款原则是默示废止规则的例外。然而,这个例外的效力与一般不得超越特殊规则相似。同样地,一般法律条款不得推翻旧的特殊法律条款,尽管其间的冲突显而易见,次要法律条款不得超越旧的主要法律条款。这两者可能都会被理解为法院如何解释一般条款,或者解释立法的文字,以消弭两个法律条款间显而易见的冲突,[73]从而实现法律一致。在苏厄德诉维拉·克鲁兹号案[74]中,新的一般法律,赋予海事高等法院受理所有涉及由船只引起损害的诉讼管辖权,可以解释为并没有抵触旧的法律条款。旧的法律条款,将管辖权力赋予了普通法院,普通法院受理因疏忽或失误之过错导致的损害案件,但不包括死亡案件。在波拉案中,对入室实施谋杀行为的犯罪人,适用了溯及既往原则,适用了无期徒刑中对入室谋杀罪量刑最低的部分,通过对《刑事司法法》第4(2)条规定的文字在第80条规定中的解读,要求第80条规定的效力在第4(2)条规定之下,确保了第80条的规定并不抵触第4(2)条禁止溯及既往的刑事处罚的规定。上述对刚性法律效力的每一个分析,并没有使议会能够通过默示废止规则,如同议会通过明示废除规则一般,推翻对公约权利的更强有力的保护。

刚性法律效力对默示废止规则在方式和形式的适用方面的挑战,并不如对立法的实体性条款一样。刚性法律效力要求对 63

[73] 尽管人们普遍认为,对主要法律条款优先于次要法律条款这一原则的扩大适用的支持很弱,但这只是源于对少数群体的评估。

[74] (1884)10 App Cas 59(HL).

《人权法》规定中现有的条款修改的唯一方式如下:假如对《人权法》第3(1)条规定进行修改,要求所有立法置于公约权利之下解释和生效,那么刚性效力就可实现了。然而,这些立法并没有提供一个特别的方式和形式,要求以后的议会必须坚持。相反,其却对法院如何解释和适用立法提出了一个义务,与公约权利抵触的未来的立法并不能默示废止《人权法》第3(1)条的修改规定,正如它不抵触法院在公约权利之下解释和适用法律一样。议会制定的无视公约权利的生效立法可能被默示废止,或者,议会制定的法律给予法院一个冲突的义务,使法院不可能以与公约权利相一致的方式解释和适用立法。

尽管看起来议会可能需要使用一个特别的方式和形式,推翻对《人权法》第3(1)条规定的修改,但实际上并非如此。这个明显的方式和形式条款,在要求一个未来的议会需要坚持之前的立法中并没有出现。它仅仅是基于默示废止规则的范围。在这个意义上,第3(1)条规定的修改与其他法律条款并无二致。公约权利看来会是刚性的,新法可能看起来会被旧法推翻,但实际并非如此。相反,新法与旧法不冲突,无须适用默示废止规则。

第三章　再定义和承认规则 65

在前面的章节中我们讨论了在不违背持续性议会立法至上的前提下,为公约权利提供一个较现有《人权法》规定更为强有力的保护的可能性。默示废止规则范围的缩小和以解释消弭法律条款间的冲突,共同产生了一种“刚性效力”。然而,这并没有实现公约权利的刚性。虽然在实践中“刚性效力”会使默示废止人权难以实现,但在理论上仍然具有可能性。立法能够超越成文的法律条款,通过明示废除或默示废止的方式,以创设一种“刚性效力”。本章所要讨论的是,是否应当有一个更为坚固的保护公约权利的方式。

传统宪法学认为,若不推翻持续性议会立法至上,那么公约权利就不具刚性之可能。持续性议会立法至上和自我限制性议会立法至上的“分水岭”正在于对此的肯定与否。如立法机构享有自我限制性议会立法至上,那么它就可以约束其继任者;如立法机构享有持续性议会立法至上,那么它就不能约束其继任者。刚性要求采纳议会立法至上的自我限制模式,或者放弃威斯敏斯特议会的主权,转型为只享有有限主权的另一种机构。[1]

本章将会挑战传统宪法学。为此,将要进一步地分析持续性议会立法至上和自我限制性议会立法至上的区别。笔者认为,两者间的区别不在于有无刚性的可能性,而在于实现刚性的方法(method)。立法者享有自我限制性议会立法至上,就能够通过制定一个法律,对有效合法的立法的方式和形式进行修改,以使法律具有刚性之效力。如果议会制定法律,规定公约权利
66 不得被推翻或违反,除非它经上下两院 2/3 的多数通过的方式立法,那么仅仅就这一项就足以使公约权利具有刚性。以后的议会就会受到该条法律条款规定的方式和形式之拘束,法院也就不会认可违反公约权利且未经 2/3 多数通过的立法,为合法有效之立法了。享有持续性议会立法至上的立法机构,若只以制定法律这种方法以使公约权利具有刚性,不得约束其继任者,默示废止规则的启动,也会使未来的议会可以通过默示废止推

[1] AV Dicey, *An Introduction to the Study of the Law of the Constitution*, 10th edn (London, Macmillan, 1959) 69, fn 1.

翻这一方式和形式的规定。然而，正如我们在下面所分析的，议会与其他机构结合起来一起行动，就会成功地实现立法的刚性，也就是说这种与其他机构的共同行动修改了合法有效立法的定义。持续性议会立法至上并不阻碍刚性，它仅仅是阻碍议会单独行动的刚性。

第一节　持续性和自我限制性议会立法至上

持续性和自我限制性议会立法至上的“分水岭”是，议会能否使立法具有刚性，从而拘束其继任者。这点经对照戴雪议会立法至上理论和詹宁斯（Jennings）〔2〕与休斯顿（Heuston）〔3〕所提出的议会主权的替代性概念，得到了清楚的阐述。戴雪认为，议会不得拘束其继任者。但詹宁斯与休斯顿则主张议会可以拘束其继任者。这可以清楚地在他们议会主权的观点和支持其观

〔2〕 Sir WI Jennings, *The Law and the Constitution*, 5th edn (London, University of London Press, 1959).

〔3〕 RFV Heuston, *Essays in Constitutional Law*, 2nd edn (London, Stevens and Sons, 1964).

点的判例法中看到。支持詹宁斯和休斯顿的观点的论据,是来自英联邦的两个判例——前一例为哈里斯诉内务部案[4],是由南非最高法院所做的判决,后一例为新南威尔士州司法部长诉特雷波万案[5],是由枢密院对澳大利亚高等法院的上诉所做的判决。两案都涉及立法条款中有关方式和形式可以被废除的规定。在这两个案例中,方式和形式的规定对后来的议会具有拘束力。因此,与此规定相抵触的立法被认定为无效法律。

67 哈里斯案涉及的是对 1909 年《南非法律》有关条款的解释问题,该法律由南非联邦议会(Parliament of the Union of South Africa)制定。1909 年法律制定之前,南非议会受 1865 年《殖民地统治法》的统辖,该法赋予南非议会立法的权力,但是没有授予议会这样的权力,即它不能以违背英国议会制定并延伸至南非的法律条款的方式来制定法律。1909 年《南非法律》挣脱了这个限制,允许南非联邦议会"废除或修改该法律(1865 年)的任何条款"。[6] 1909 年《南非法律》第 35(1)条规定了南非联

[4] [1952](2) SA 428 (Appellate Division of the Supreme Court of South Africa).

[5] [1931] HCA 3, (1931) 44 CLR 394 (High Court of Australia). See also [1932] AC 526(PC).

[6] South Africa Act 1909 s 152.

邦议会不得制定这样的法律,即基于种族和肤色剥夺某人参加开普省选举,除非这项法律“经由议会两院联席会议,并由不少于两院所有议员的2/3 在议会三读中予以通过”。此外,该法第152 条规定,第35(1)条与第152 条相同,这两个条款只有经由两院联席会议的2/3 议员通过后才能予以修改或废除。1951年,南非被承认为独立国家后,南非联邦议会制定的1951 年《隔离代表选举法》剥夺了“开普有色人种(cape-colourded)* 选民在开普省的投票权”,1951 年《隔离代表选举法》经由议会两院分别开会的简单多数制定。根据持续性议会立法至上的规则,1951年《隔离代表选举法》以简单多数默示废除了1909 年必须由南非两院联席会议的2/3 多数通过才能制定法律的规定。然而,南非最高法院上诉法庭一致裁定,1951 年《隔离代表选举法》无效,因为该法没有根据1909 年《南非法律》规定的方式和形式制定。法院在作出这一判决时,认可了这一区别:联邦议会在一般情况下组成的议会主权和根据1909 年《南非法律》第152 条规定所组成的议会主权不同。

特雷波万案涉及的也是有关新南威尔士州立法机构行使权

* 欧非混血。——译者注

力的方式和形式问题。新南威尔士州立法机构的立法权力来自1865年《殖民地法律有效性法案》第5条的规定，该法赋予新南威尔士州立法机构以立法全权，规定了“立法机构有权根据在殖民地领域内生效的议会法律、专利特许令（letters patent）、枢密院令或者殖民法律规定的方式和形式随时行使立法权力”。新南威尔士州立法机构制定了1902年《宪法法律》（Constitution Act 1902），专门创建了立法会（Legislative Council）。1929年，新南威尔士州立法机构通过了1929年《宪法（立法会）修正
68 案》，在1902年《宪法法律》中新增加了第7A条。该法第7A条规定了不得废除或修改立法会权利，除非提出这些措施的法案（the Bill）经议会两院通过、经选举人多数同意并经总督批准。对第7A条的修改要求采用同样的程序。

1930年，一项法案通过了废除立法会的规定。在未经选举人同意的情况下，要求总督对宣言的修改予以签署。诉讼人请求法院发出禁令，以阻止修改的宣言送至总督签署，直到该法律经选举人同意之后。考虑到对《宪法法律》第7A条的制定属于新南威尔士州立法机构的权力范围，而第7A条所规定的修改法律的方式和形式也是这次对法律的修改的方法，枢密院因其没有取得选举人的同意，裁决不得送至总督签署。

基于这个事实,很难认为持续性议会立法至上和自我限制性议会立法至上的区别不在于议会约束其继任者的能力。然而,这种对两种理论区别的简略解释,混淆了刚性的方法和刚性的可能性。为此,我们需要分析自我限制性议会立法至上是如何规定了刚性化的方式和形式条款的。

第二节　方式和形式的重新定义

在这部分中,我们将讨论议会立法至上自我限制性理论能够通过规定未来立法的方式和形式拘束继任者,因为这种拘束的作用通过对有效法律的定义而发挥。然后我们再来分析议会立法至上持续性和自我限制性理论对有效法律定义的不同路径。这不仅会为议会立法至上两种概念的区别提供一个较好的解释,而且可以作为分析公约权利在不违反持续性议会立法至上的情况下,获得刚性效力的路径的起点。

一、为什么方式和形式条款可以作为刚性条款?

据詹宁斯和休斯顿的理论分析,什么样的法律才是有效法律,不同的法律应有不同的出台方式和形式要求,这是明白无误

的,这一点既可以在支持他们理论的判例法中得到印证,也可以
69 在支持自我限制性立法至上理论的最新判例法所包含的附带意见中找到支持。对这一结论最为有力的证据可见詹宁斯的下列陈述:

> "法律主权"仅仅是一种名称,它指的是立法机构此时有权根据法律所要求的形式制定任何法律。那就是,法律说起来是由女王制定的,女王是在接受了由"宗教和世俗贵族组成的贵族院的劝告和同意后,在与贵族院有同样权力的平民院在议会中开会后,公布法律"。法律将由法院认可,包括认可法律的修改规则。如果可以这样认为,那么"法律主权"将对议会自身也施加法律限制,因为议会修改法律权力也包含着通过法律修改而影响自己的权力。[7]

议会立法至上的权力被授予议会中的女王,因为法律赋予了议会中的女王通过有效法律的权力。对一项有效法律的认

---

〔7〕 Jennings, above n 2, at 152 – 3.

定,必须根据法律所规定的方式和形式来进行。例如,一项立法提议得以通过,但并没有经女王的点头,那么这项法律条款就不得被认可为有效。在通常情况下,为了法律的有效,将会遵循必须经由平民院、贵族院和女王认可的方式和形式的规定方法。形式和方式的规定和实体法的规定要求不同,实体法的规定本身就是有效法律规定的组成部分。如果议会想要通过改变方式和形式条款规定要求修改一项有效法律的法律规定,那么这个违反了方式和形式规定的法律,将不会被认可为有效法律。

方式和形式条款与有效法律定义的联系,说清楚了在自我限制性议会立法至上理论之下,议会为什么可以拘束其继任者,要求其遵守方式和形式的要求。默示废止规则并不适用于方式和形式要求条款,因为一个有违方式和形式条款要求的法律,即使得以通过也不能被认定为是有效的法律。这不是新法因违反旧法所规定的方式和形式的要求,从而导致与旧法之间的冲突,而是因为新法自始即不被认可为有效的法律。〔8〕

方式和形式条款与有效法律定义相联系的证据,可以在澳大利亚高等法院关于特雷波万案的判决中找到。该案中,多数

〔8〕 詹宁斯也讨论过,一部由王子通过的立法需要未来的所有立法被立法委员会通过。Ibid,at 152.

派的意见支持了自我限制性议会立法至上，他们通过对方式和形式条款的分析，对重新定义有效法律的要素的方法加以分析，得出了他们的结论。里奇（Rich）法官、狄克逊（Dixon）法官和斯塔克（Starke）法官依据方式和形式主张，议会就法律制定的
70 方式和形式条款拘束其继任者是可能的。[9] 里奇法官还特别就方式和形式条款要件与立法的定义之间的联系进行了分析，他认为：

> 控制立法机构运作的两种方法很显然在法律中有明确的字眼表达。立法机关的组成可能是可以改变的，也就是说，因为立法者的组成发生变化，立法权也将被重置。我必须再次强调按照法定要求的法律可能得以通过，但所涉其中的方式和形式的宪法修正则必须得以通过。[10]

为了区分议会拘束其继任者的这两种方法的界限，里奇法

〔9〕 (1931)44 CLR 394，416 – 17 (Rich J)，423 – 24 (Dixon J) and 427 – 8 (Starke J).

〔10〕 Ibid，at 407 – 8.

官解释了为什么方式和形式条款规定拘束后来的立法机构,如果新南威尔士州议会想要修改它自己的宪法,将其主权转让给一个新的主体,那么它就得通过重新认定立法主体的主权身份,以重新认定立法程序。法院也就不能够认定,由旧的新南威尔士州议会通过的法律为所谓的有效法律了。只有旧的新南威尔士州议会向其转让了主权的新的立法主体才能通过有效的法律。如果新的新南威尔士州议会对方式和形式进行立法,要求修改某些实体性法律条款,那么不需要对立法主体主权的身份再行认定,就可以认定为符合有效法律的条件了。不符合方式和形式要求的条件,通过的法律不会被认定为有效立法。正如狄克逊法官所说:

> 如果有权制定自身组成的法律,那么立法机关就可以决定其自身的性质和组成。如果立法机关有权决定它自己的程序,那么,它便可以决定它自己的哪些行为是有法律效力的。关于立法机关组成和程序的法律必须规范行使权力的立法者本身,这包括立法机关废

除这些法律的权力。[11]

狄克逊法官认为，这个原则不仅适用于新南威尔士州的立法机构，而且适用于其他机构。如果威斯敏斯特议会立法要求得到选民的同意，以制定与公约权利抵触的法律，狄克逊法官认为在这一情形下：

> 法院或许会被要求考虑在这一特定事项上，英国议会是否按照其真实意愿所表达的方式在行使最高立法权，同时，议会是否考虑了应当考虑的因素。[12]

有关方式和形式要件与有效法律认定之间的关联，最新的
71 证据可在杰克逊案中得以证实。[13] 大法官斯泰恩（Steyn）和黑尔男爵夫人（Baroness Hale）在该案的判决意见中支持自我限制性议会立法至上。大法官斯泰恩从静态和动态两方面分析了什么是议会，什么是有效的法律，并且区分了两者的不同，解释了

〔11〕 Ibid, at 429 – 30.

〔12〕 Ibid, at 426.

〔13〕 [2005] UKHL 56, [2006] 1 AC 262.

议会立法至上的自我限制性理论。“静态”是指议会的构成，“动态”则是指议会若要制定有效的法律，其各个组成部分必须遵守的程序。动态因素取决于法律和议会的惯例。因此，议会有可能通过改变法律和惯例，从而改变有效法律通过的方式和形式。不仅议会修改制定法律的方式和形式的时候这种事可能发生，而且当议会出于不同的目的，使用不同的方式，对议会立法权力在功能上给以重新分配(functionally redistribute power to legislate)时也有可能发生。这种重新分配经常发生在议会的法律和惯例被修改时，法院不可小觑，因为法院需要根据这种方式和形式要件来认定立法的有效性。[14] 斯泰恩法官因此得出了结论：1911 年《议会法》是为了实现一个特别的目的，对立法方式和形式再认定的一个例子。它使即使没有上院的同意，法律也能够得以通过。[15]

黑尔男爵夫人大法官也认为，1911 年《议会法》的条款拘束着议会立法时遵守的方式和形式。它创设了一种形式，即议会即使没有得到上院的同意，也可以制定有效的法律。她的结论基于对主权性质的分析。如果议会是主权者，可以做任何事情，那么，

---

〔14〕 Ibid, at[86].

〔15〕 Ibid.

“议会没有理由不决定重新设定自身，无论是从总的方面还是为了一个特别的目的”。[16] 一旦出现这种重新认定，就会要求法院确认有效立法方式和形式的新要件。

二、持续性议会立法至上理论的再认定

自我限制性议会立法至上理论认为，议会仅仅通过制定法律，就可以修改对立法主权机构的认定或立法程序的性质。这可以说明为什么议会可以拘束其继任者在以后立法中的方式和形式。以后的议会需要遵守先前的议会设定的立法方式和形式的要件，法院将会认定它所制定这种方式和形式的法律是有效的法律。持续性议会立法至上也需要确保法律的有效，这个法律只
72 能由有主权的立法主体根据方式和形式要件来制定，以保有议会的主权。但有所不同的是，它不会将修改认定立法主权机构的权力，或修改认定有效法律的要求的权力假予立法者之手。

戴雪关于持续性议会立法至上的分析部分地支持了这一结论。戴雪认为，如果其固有的立法主权不复存在，享有主权的立法主体可以转让或放弃其主权地位。[17] 戴雪对主权地位转让或放弃的分析，与自我限制性议会立法至上对主权地位重新定

---

〔16〕 Ibid, at[160].

〔17〕 Dicey above n 1, at 69, fn 1.

义中涉及的修改法律条款的方式和形式之间,可以看出两个不同方面。

第一,戴雪只注重与立法主权者组成有关的法律条款,他的主张并不能延伸到法律制定程序本身的再定义。如果威斯敏斯特议会意欲制定有效立法,以对《人权法》进行修改或修正,那么需要上下两院同时以2/3多数通过。自我限制性议会立法至上就会认为这是一个对后来的议会有所拘束的方式和形式条款。戴雪并不会将这个条款视为主权地位的转让。其结果是,他会主张修改《人权法》的立法,虽然未经上下两院2/3多数同意,但仍然是有效立法。这种情形是,通过立法,默示废止了法律的修改需得到2/3多数的法律要求。

第二,戴雪主张主权地位的转让要完整。一个享有立法主权的主体,可以将其权力委托给一个没有主权的主体,或者将其立法主权转让给另一个主体,前提是立法主权主体不复存在。[18] 自我限制性议会立法至上允许主权权力由两个享有

---

[18] 戴雪在审查《联合法》(Act of Union)时得出了类似的结论。如果苏格兰和英格兰议会继续存在,而且有权修改《联合法》,让威斯敏斯特议会拥有对所有其他事项进行立法的权力,那么威斯敏斯特议会将是一个附属机构,而不是一个主权立法机构。然而,鉴于苏格兰和英格兰议会向威斯敏斯特议会的权力转移已经完成,苏格兰和英格兰议会不复存在,威斯敏斯特议会是一个主权立法机构。Dicey, ibid.

主权的立法机构共享,每一个机构就不同的事务进行立法,每一个机构都拘束于已有的法律,拘束于制定有效立法的方式和方法要件。

自我限制性议会立法至上和持续性议会立法至上的区别,通过分析以下两种不同的路径,也可以得以阐明。在主张自我限制性议会立法至上者看来,特雷波万案中的立法可以视为创设了一个新的立法主权机构,主权由新南威尔士州立法机构和一个由新南威尔士州立法机构和选举人组成的不同的主权机构
73 共享。除以立法废除英国上院立法委员会(Legislative Council)这一项权力外,新南威尔士州立法机构享有就一切事项立法的权力。新南威尔士州立法机构和选举人组成的立法主权机构有权立法摒弃立法委员会。但是,戴雪认为该案仅是创设了一个新的次级立法主体。新的立法主体——新南威尔士州立法机构加上选举人,将附属于有主权的新南威尔士州立法主权机构。新南威尔士州立法机构将来的继任者不受其前任所认可的立法主权组成机构的规则的拘束,但附属主体则受这些规则拘束。因此,如果附属主体制定超出其立法职权范围的法律,那么,法院有权宣布这项法律无效。然而,如果新南威尔士州议会没有得到选举人的同意就推翻立法委员会的决定,这就等于默示废

止了以前的立法。也就是说,议会就不受其前任者意愿的约束。[19]

但是,以这种方法区分持续性议会立法至上和自我限制性议会立法至上也存有难处。第一,它将持续性议会立法至上和自我限制性议会立法至上之间的差异变成了一个程度问题。根据持续性议会立法至上,议会可以创设一个新的、有限的立法主体,如果最高立法主体将其所有的立法权力转让给新的立法主体,而自己将不复存在。根据自我限制性议会立法至上理论,议会可以仅通过立法创设一个有限的新的立法主体,它既可以分割议会的立法权力,也可以放弃议会的立法权力。第二,它将根据1911~1949年《议会法》制定的英国法都划为委托立法——尽管这些法律的形式和外在表现都是普通立法(ordinary legislation)。这是因为持续性议会立法至上将下院和君王的行为视为附属立法主体(a subordinate legislative body)的行为,它们区别于和议会中的女王(the Queen in Parliament)共享一级立

〔19〕 This is similar to the way in which HWR Wade regards the Parliament Acts 1911 – 1949. See, HWR Wade, 'The Basis of Legal Sovereignty' [1955] *Cambridge Law Journal* 172, 193 – 4.

法制定权的主权主体。这与杰克逊案得出的相反结论是冲突的。[20]

尽管这种论述并不充分，但将共享和放弃主权作为持续性议会立法至上和自我限制性议会立法至上两者的区分点，提供了一种理解持续性议会立法至上和自我限制性议会立法至上间区别的较好的路径。对自我限制性议会立法至上而言，有效立法的定义取决于普通法(the common law)的原则，所以，如果立法超越了普通法，那么，这个立法可以经由一般法律(ordinary legislation)予以改变。[21] 对持续性议会立法至上来说，有效立
74 法的定义并不仅仅取决于普通法的原则，因此，它不能由一般法律予以修改。对持续性议会立法至上而言，享有主权的立法主体的定义和其立法的方法存在于一个规则之中，该规则从逻辑上优先于最早的、享有最高立法权力的议会。这个逻辑上在先的规则不得被一般法律所修改。[22]

韦德(HWR Wade)主张需要这样一个逻辑优先规则，以捍

---

〔20〕 *R(Jackson) v Attorney-General*[2005] UKHL 56,[2006]1 AC 262.

〔21〕 Jennings, above n 2, at 156 – 63.

〔22〕 See, Wade, above n 19, at 187, who relies on Salmond and ECS Wade, in his introduction to the 9th and 10th editions of AV Dicey, above n 1, xxxv(2)i and xli, which relies on the work of RTELatham.

卫持续性议会立法至上理论,应对詹宁斯自我限制性议会立法至上理论的挑战。[23] 韦德认为,由于戴雪和詹宁斯都把议会立法至上视为法治的一种形式(a form of legal rule),戴雪的持续性立法至上理论有被自我限制性议会至上理论蚕食的危险。两者都关注法院对所谓的议会意图的反应,以使立法得以强制实现。两个理论都要求法院受制于由有效立法所确立的程序规则。如果法院没有遵守这一规则,那么法院面临没有坚持议会主权的危险,如同它们认为一个有效的法律,经由一个享有主权的立法主体制定,但并没有遵守制定有效法律的正确方式。如果法院被要求遵守这样的规则,那么这个要求或者来自普通法和立法,或者它就是司法习惯的问题。

如果将决定制定有效法律方法的规则仅仅作为一个司法习惯,而该规则在普通法或者立法中找不到其根源,那么,持续性议会立法至上就会被自我限制性议会立法至上所蚕食。如果我们坚持持续性议会立法至上,那么这个规则就不能来自立法,否则,议会就可以通过立法重新定义主权,或者决定有效立法程序,以拘束其继任者。如果后来的议会没有坚守已有的制定有

---

〔23〕 Wade, above n 19, at 172.

效法律程序的规则,那么法院就负有撤销这个所谓的无效立法的义务。然而,如果已有的制定有效立法的程序规则属于普通法的组成部分,那么它就能够被制定法修改,因为制定法高于普通法。这是确保议会主权之要求。

韦德反对这种观点。他认为,虽然法院有义务遵循铁定的法律规则来认定有效法律,但这个规则并不是普通法的一般规则,相反,有普通法认定的基本规则,其存续取决于政治事实
75 (political facts)。[24] 韦德所得的结论是基于萨尔蒙德(Salmond)对基本规则(fundamental rules)的分析。这个规则创设了一个准则,法院应当适用已认可的有效法律,这是基本的,因为议会享有立法权威已被认可。这个基本的准则是不可能被改变的,不可能被任何意在支撑这一权威的任何立法所改变,立法的权威所肯定的就是这种权力。[25] 用这种方法来区分定义立法机构享有主权的规则和立法机构所赖以制定有效法律的程序,从而使持续议会立法主权得以存续。法院受制定法拘束,该制定法确保坚守已被认定具有法律效力的已经规定的适当方法。法院从而也就遵守着议会主权。然而,法院遵守议会主权的这个

---

〔24〕 Ibid, at 188.

〔25〕 Ibid, at 187.

义务既不是来自普通法,也不是基于制定法,而是出于基本准则。这个基本准则的功能就是,通过法院已有的管辖权,识别有效法律。正因如此,单独的议会立法是没有能力修改的。尽管法院和议会都受此基本准则拘束,但他们并不受一个以前的议会制定的法律的拘束。因此,持续议会立法主权得以维护。

正是因为进行了这样的区分,才找到了这样一个方法,可以使公约权利获得刚性效力,同时,又不触犯持续性议会立法主权,如果有可能通过改变定义主权的规则,或者改变有效立法的程序,使英国的有效立法无法违背《欧洲人权公约》,那么公约权利将切实地获得刚性效力。这样一来,未来的议会就无法出台侵犯公约权利的立法,因为具有此意图的立法就不能被法院认可为有效的法律。这种刚性并不需要未来的立法机构受先前的立法机构的拘束就可以实现。所有立法机构的主权受制于这样的准则,这些准则规定有效立法的制定。然而,这个准则既不由一个享有主权的制定法律的机构的单独行动创设,也不由它单独修改。立法者都要受到拘束,他们受到一个逻辑上的先前准则的拘束,而不是先前立法机构行为的拘束。

第三节　刚性化的方法

在这部分,我们将探讨在不破坏持续性议会立法主权的情况下加强公约权利的两种可能途径。为了解释并评价这些方法,我们首先需要划出三个重要界线,这些界线有助于区分刚性化的途径,也利于评估这些方法在多大程度上实现了刚性效力而不破坏持续性议会立法主权。

76 第一条界线是区分立法主权机构性质的准则和主权必须作为的途径准则。关于界定有立法主权机构的准则,规定了享有权威的机构被认可具有制定有效立法的权力。在英国法中,有立法主权的机构就是在议会中的女王,包括平民院、贵族院和君主。有关有主权的法律制定机构如何作为的准则,规定了有主权的法律制定机构必须运用的,那些制定具有合法效力的有效立法的准则程序。在英国法中,除去 1911 ~ 1949 年《议会法》可能引起混乱的这段时间外,立法经平民院、贵族院和君主的同意之方式可以有效制定是一直遵循的准则。

第二条界线是区分权力授予型规则(power-conferring

rules)和义务施加型规则(duty-imposing rules)的界限。权力授予型规则授予权力,义务施加型规则赋予义务。有立法主权机构制定有效力的法律必须遵守制定法律的界限和程序的准则,这些准则既是授予权力也是赋予义务,这取决于从哪个角度对它们进行分析。当从立法主权机构的角度来看,这些为授予权力的准则,将制定法律的权力授予立法者,在现行英国宪法的规定条款下,制定法律的权力被授予议会中的女王。这一权力或许要受制于已经存在的义务所要求的方法。议会中的女王必须运用正确的程序,以成功制定合法有效的法律。当从法院的角度来进行分析时,定义立法机关主权的规则以及按照何种程序才能制定有效的法律,都是对法院的义务要求。它要求法院有义务认可拥有立法主权的机构依照正确的程序制定的法律为有效立法。对英国的宪法目的来说,那就是指法院承担着义务,认可议会中的女王以适当的方式颁布的法律为有效制定的立法。

第三条界线是我们需要区分界定有主权的立法机构的准则和为制定有效立法的程序这两组概念的核心领域和外围部分。核心领域是指准则中足够清晰、精准并被基本接受的部分。外围部分则是指法律中的模糊区域,在这个区域中,人们有理由会对法律之内容是什么产生分歧,对法律的内容如何决定有异议,而且，或许对在什么地方确立清晰法律定义常有不同之见。立法主权机构的核心定义在英国宪法中，即君临议会，而有关外围区域的例子肇始于1911～1949年《议会法》的制定。这些立法方法在英国法中创设了两种不同的立法主权机构吗？这两个机构是君临议会和下议院，还是下议院和这两个议会的条款之下
77 的君主？外围区域问题涉及制定法律程序的定义问题。例如，某有效法律的通过，如果发现其得到足够的支持只是因为有些议员在议院中不止一次地发出“同意”之声，则这种赞同的投票就是重复计数(double-counted)。

可以这样认为，刚性化的效力若不构成与戴雪持续性议会主权理论相悖的关系，那么有关主权立法者定义的规则和主权立法者通过有效立法方式确立的规则均必须被归类为不能为议会单独制定的规则或准则(standards)。将这些规则归类于承认规则(the rule of recognition)的组成部分，是一种最好的解释。然而，在做出这个结论前，分析一下刚性问题的不同可能还是有意义的，这既可用于排除下述刚性的可能方法，也有助于证成我们的结论。

一、议会行为方式规则之修改

一个可能的刚性化的方法来自理查德·埃金斯(Richard

Ekins)对1911年和1949年《议会法》,以及其后关于1949年《议会法》有效性的杰克逊案的判决。[26]

首先,埃金斯认为,1911年《议会法》不是对立法主权机关的再定义,而是改变了主权者有效立法的方式。埃金斯此结论以1911年《议会法》第4条之文本为基础。该条规定:根据《议会法》的规定,呈递至王室御准(the Royal Assent)的议案应使用特殊的措辞。第4条要求为呈递至君主及得到御准,议案必须采用以下措辞:

> 本法由国王陛下颁布,经本届议会平民院之建议及同意,符合1911年《议会法》之规定,并享有同等权威,现规定如下。

对于埃金斯而言,在"1911"之后放置的逗号表明,第4条所指向的"权威"并不来自1911年《议会法》,而来自君临议会。而且,语词"同等权威"也用于制定不使用《议会法》条款所制定的法律之措辞。"同等权威"这一表达方式被用于指向君临议

---

〔26〕 R Ekins, 'Acts of Parliament and the Parliament Acts' (2007) 123 *Law Quarterly Review* 91.

会颁布法律的权力。因此,如果“同等权威”这一语词的意思是指 1911 年《议会法》,而不是从其第 4 条中找到的君临议会的话,那就会有些古怪。另外,第 4 条提到了“本届议会平民院之
78 同意”。因此,第 4 条承认平民院是作为议会之组成部分在行事,这个议会包括了贵族院和平民院。这些文本分析使埃金斯得出结论,根据 1911 ~ 1949 年《议会法》制定的方法均为一级立法,且如此立法的权力并不源于《议会法》,而是来自议会本身。1911 ~ 1949 年《议会法》并非意图重新定义议会,而是为了修改议会行为的方式,尤其是其修改立法的方式。[27]

其次,在将 1911 年《议会法》列为仅是提供了一种议会行为方式的机制之后,埃金斯区分了这些行为方式规则和那些定义立法主权机关的规则。埃金斯认为定义立法主权机关的规则为承认规则之组成部分。他援引威斯敏斯特议会固有的权力来支撑这一结论。威斯敏斯特议会制定有效法律的权力并不源自任何法律文件,而是来自承认规则。[28] 然而,规定议会如何行为的规则并不是承认规则之组成部分,而是议会惯例之组成部

〔27〕 R Ekins, ‘Acts of Parliament and the Parliament Acts’ (2007) 123 *Law Quarterly Review* 91, at 97 – 100.

〔28〕 Ibid, at 101 – 2.

分。虽然它们通常被称为法律规则,但这种描述是不准确的。更为准确的描述是承认这些是对法律科以义务,都是非法律规则。法院必须承认只有根据议会惯例确立的适当程序所制定的方法才是合法有效的。这种分类上的差异会影响这些规则的修改方式。承认规则不能仅由议会改动,但议会的惯例可以由议会单独改变,如因议会创立和修改的惯例。议会可以采纳决定议会如何通过有效立法的规则,而 1911 年《议会法》最好被理解为议会制定这样一个规则的例子。[29]

这两个步骤使埃金斯能够得出他的分析与持续性议会立法至上相一致的结论。与自我限制性议会立法至上理论不同,他的理论并不假定立法主权机关的定义是仅由法律规则确立的。对埃金斯而言,这是承认规则的一部分且不能仅被议会单独修改。因此,埃金斯的结论是,他对杰克逊案的解释并不能推导出议会可自由地重新定义自身或约束继任者。这仅仅是修改议会惯例的一个例子,它解释了议会的行为方式。因此,它与持续性议会立法至上吻合。[30]

埃金斯对杰克逊案的解释提供了一种可能的方法,此方法 79

〔29〕 Ibid, at 103 – 5.
〔30〕 Ibid, at 108.

可在不违反持续性议会立法至上的前提下实现公约权利的刚性化。这种方法可能在立法主权机关修改决定什么样的立法是有效立法的法定程序时被使用。例如,这种形式的修改可以使议会制定一个经修改的人权法,该法规定当对有关公约权利立法进行修改、废止或拟定修正案时,需得到平民院和贵族院 2/3 多数的同意才能通过。埃金斯将采用类似的方法,分析 1911 ~ 1949 年《议会法》条款的修改。1911 ~ 1949 年《人权法》皆规定了议院在通过立法时的行为方式,尽管它们规定的都不是一般意义上议会的行为方式,而是针对特定类型的立法。如果 1911 年《议会法》成功地在没有抵触持续性议会立法至上的情况下约束后来的议会,那么我们修改人权法也会如此。

然而,此种刚性化的方式存在一些困难。首先,这个修改后的人权法是否将约束后来的议会,值得存疑。埃金斯的论点基于这样一种主张:对行为规则的修改最好理解为对议会惯例的修改。因此,这并不是议会颁布一项约束其继任者法律条款的例子。尽管如此,法院必须承认根据 1911 ~ 1949 年《议会法》通过的立法在法律上是有效的,即便该有效性至少部分取决于其是否遵循了《议会法》的规定条款。如果没有遵守《议会法》的规定,那么法院将得出结论,认为主权者没有按照规定的方式制定有效的立法。实际上,法院会认为后来的议会必须受先前议会立法的拘束。

其次,埃金斯认为,由于法院无权决定议会是否遵守了规定的方式行事,故这种情况不会发生。1911 年《议会法》将权力授予议长(the Speaker),以证明立法是根据《议会法》规定的法律条款制定的。《议会法》第 3 条则排除了质疑议长证明有效性的管辖权。因此,决定一项法案是否依照《议会法》的程序而制定的权力不属于法院。埃金斯认为,即使第 3 条不足以排除法院的权力,议会在颁布立法时是否遵循了正确程序的问题,也不是一个由法院决定的问题。这种事项最好留给议会处理。[31]因此,修改后的人权法在实践中可以约束后来的议会,因为后来的议会在颁布有效的立法时,必须遵循经修改的人权法规定的程序。然而,这种刚性化并不是一种法律上的刚性化形式。后
来的议会在法律上不受其前任所作出的决定之约束,因为法院 80
没有管辖权来决定有关立法有效性的问题。后来议会被这样的法律约束,因为这个法律既是议会机构协议的组成部分,也是议会机构在制定有效的立法时所必须遵守的。法院只是确认立法

〔31〕 Ibid, at 111 – 14.

是根据适当程序制定的,因为议会要求如此,而且立法应能够在议会的卷宗上找到。

如果成功的话,埃金斯的论证提供了一个在不违背持续性议会立法至上的前提下具有独创性的刚性化方式。虽然一项规定立法通过方式的法律将会约束后来的议会,但这和法律上的刚性不同,它是一种非法律的形式要求。法院未被授权评估议会是否遵循了法律所规定的制定有效法律之恰当程序,因此,法院并无质疑立法的权力。然而,即便法院有权评价议会立法的效力,它也仅提供了一种孱弱的刚性化形式。主张刚性化公约权利的论点,源于需要确保公约权利更难以被推翻,并往往需要认可法院在保障公约权利方面应发挥更大的作用。若我们以埃金斯的观点来为公约权利提供更有力的保护,那么法院扮演的并非合适的角色,应由平民院议长决定立法是否违背了公约权利,决定是否需要 2/3 多数通过以及决议是否达到了 2/3 多数。

这种刚性化形式不仅是孱弱的,而且埃金斯的论点有陷入自我限制性而非持续性议会立法至上之论点的危险。只有在法院无权评估 1911 年《议会法》第 3 条下议长之证明的有效性时,持续性议会立法至上才得以维持,由此可推定的是,即使在立法中包含一个类似的排除条款(ouster clause),法院也没有能力决定根据修改后的人权法制定的立法的有效性。然而,埃金斯关于排除条款成功的论点可能被质疑。他的观点主要是基于议会自治特权范围提出的,他认为议会有权决定自己应如何做出行为。但是,这样一来,就很难想象如果法院要依据《议会法》判断一项立法的效力,法院将不得不审查议会的立法程序。虽然总检察长认为在杰克逊案中,法院有管辖权来决定该事项,但它不是一个由法院裁决的问题,一些法官审视了法院的管辖权问题,认为法院进行的是类似于法律解释的活动,因此法院有权管辖。[32] 法院的这一管辖权和议会特权并不冲突,因为法院将不 81
会审查议会背后的措辞或质疑议会是如何作为的。[33]

支持法院管辖权的另一个论点,来自长期以来的法院确定立法有效性之权力。这种有效性不仅取决于主权者的定义,还取决于立法被有效制定的方式。《议会法》确实允许君临议会立法得以通过而无须贵族院同意,但它限制了此类立法通过的

---

〔32〕 *R*(*Jackson*) *v Attorney-General*[2005] UKHL 56, [2006] 1 AC 262, [27] (Lord Bingham), [49] – [51] (Lord Nicholls), [110] (Lord Hope) and [169] (Lord Carswell).

〔33〕 Ibid, [27] (Lord Bingham), [49] – [50] (Lord Nicholls) and [112] (Lord Hope).

情况。《议会法》第2(1)条明确禁止任何法案将议会会期延长至3年以上。如果议会在未经贵族院同意的情况下,根据1911~1949年《议会法》的规定颁布法律,将议会的会期延长到5年以上,法院是否有权因其违反了1911年《议会法》第2(1)条的规定而宣布这是一项无效的立法?埃金斯对这一问题的答案取决于议长是否背书该议案。如果议长赞同,除了承认这项立法的有效性,法院将无权做任何事。这揭示了通过修改议会制定法律的方式实现任何形式的刚性化的孱弱之处。然而,至少可以讨论的是,法院有权推翻该法律,理由是这项法律的通过违反了1911年《议会法》,所以无效。未经贵族院同意,议会将无权制定有效的、将议会会期延长至5年以上的法律,因为1911年《议会法》已在其条款中明示排除了此类立法。在此等情形下,排除条款将无法成功地否决法院的管辖权。关于君主和平民院赞成立法的决定,以及贵族院是否至少两次未能同意在同一会期中提出的议案,议长的证明将被认为是终局的。然而,在质疑所谓的法律之效力时,法院不能质疑君主、贵族院和平民院是否遵照了1911~1949年《议会法》所规定的立法方式,这是终局性问题,但法院可以质疑议会是否有权根据这种方式制定有效的立法。在调查这个问题时,法院既不会质疑议会是否有能力决定自己的内部程序，也不会质疑议会的行为方式。

当我们从法院的视角检视1911～1949年《议会法》时，法院审查这些问题的管辖权得到进一步加强。1911～1949年《议会法》可以被解释为法院有义务认可那些满足《议会法》条件的方式是有效的。按照这种方式解释，法院确定立法是否有 82
效的管辖权并不妨碍议会自行决定应当采取何种方法的权力。这些支持法院管辖权的论证，也很难将埃金斯的理论从自我限制性议会立法至上中挽救出来。除非排除法院的管辖权，否则，很难以1911～1949年《议会法》为依据，直接得出法院的行为是非法而不是合法的结论。法院将利用《议会法》的规定来确定未来立法的有效性。事实上，1911～1949年《议会法》使未来的议会不能在没有贵族院同意的情况下立法。

埃金斯的论点能够得到支持的一种可能的方式是，规定议会行为方式的议会法律或惯例，不能单独由议会进行修改。然而，鉴于埃金斯认为两部《议会法》能够修改议会制定的法律和惯例，这一观点很难站得住脚。看来，议会的法律和惯例与习惯(conventions)的运作方式类似，都是作为不具有法律约束力的规则。因此，正如习惯可以被法律取代，也就是说以前源于习惯的权力现在来自法律，1911～1949年《议会法》以一个源于法律条文的权力，取代了从议会的法律和惯例中产生的权力。[34]

埃金斯的论点并没有提供一个使议会能够在不违背持续性议会立法至上前提下实现公约权利刚性化的方式。这是因为很难维持规则之间的明确区分，这些规则涉及区分议会制定法律的方法，以及议会管理他们自己行为的其他习惯和法律的规则。同样，对于议会而言，排除法院的管辖权也可能是困难的。即使议会可以达到目的，它也只能提供一种孱弱的刚性化形式。下一节我们将探讨通过修改承认规则，以提供一种更为有力的刚性化形式的可能。

二、承认规则的修改

承认规则是由哈特（HLA Hart）提出的。[35] 其与韦德的基本规则理论相似，韦德的基本规则理论防止了持续性议会立法至上瓦解成自我限制性议会立法至上。哈特认识到了自己的承认规则与终极法律原则（ultimate legal principles）之间具有相似

---

〔34〕 See ibid，[81]（Lord Steyn）for a similar argument.

〔35〕 HLA Hart，*The Concept of Law*，2nd edn（Oxford，Oxford University Press，1994）chs 2－6.

之处，终极法律原则由萨尔蒙德提出，但反过来，韦德在确立立法机关主权身份时，又借鉴了基本规则性质的观点。〔36〕 哈特还 83
提到了韦德对该规则性质的分析，认为在讨论承认规则的性质以及承认规则被归类为政治事实时，法院应遵守议会法（Acts of Parliament）。〔37〕 哈特的承认规则与莱瑟姆（RTE Latham）的逻辑上先验规则（logically prior rules）有许多共同特征，包括：法律证明规则（rules regarding the authenticity of law）、继受规则、立法程序规则以及修改这 3 项规则的规则。〔38〕 承认规则也被视为法律体系的逻辑前提。因此，承认规则这个逻辑前提决定了立法机构享有主权，也决定了根据哈特的承认规则中的持续性立法至上所要求的程序，要制定有效的立法，立法机构就必须遵循相应的程序。特别是，哈特的承认规则和韦德的基本规则均确立了包括制定法在内的所有法律形式的有效性标准，并且二

---

〔36〕 Ibid, 245, and 97, fn 1.

〔37〕 Ibid, 108, including fns, and 247.

〔38〕 See, RTE Latham, ' The Law and the Commonwealth ' in WK Hancock (ed), *Survey of British Commonwealth Affairs* Vol 1, *Problems of Nationality* 1918 – 1936 (Oxford, Oxford University Press, 1937) 510 – 630; P Oliver, ' Law, Politics, the Commonwealth and the Constitution: Remembering RTE Latham, 1909 – 1943 ' (2000) *King's College Law Journal* 153 and P Oliver, *The Constitution of Independence* (New York, Oxford University Press, 2005) 85 – 92.

者均具有双重属性，既是法律体系的规则，又是政治事实。

承认规则作为政治事实和法律体系规则，具有双重属性，[39]这解释了在不违反持续性议会立法至上的前提下，为何修改承认规则可能赋予实体性条款以刚性。作为法律体系规则，法院必须遵循法律条款的规定，议会主权也因此而得到维护，这是因为立法主权机构只有按照法律规定的方式立法才能被法院确认为有效的法律。法律裁判有助于确定承认规则的内容。与主张承认规则存在一样，承认规则被作为政治事实是因为我们其实是在肯定这样一个事实，即在一个特定的系统中哪些是法律，哪些不是法律。承认规则之存在是通过司法官僚遵守的共同行为习惯(shared practices)来认可的，这些由司法官僚认可的行为习惯被确定为所谓的法律规则——一个特殊的法律系统中的有效规则。有关承认规则内容的陈述是一种"外部陈述"(external statement)，它可以由一个旁观者做出，旁观者通过观察那些在一定法律体系中运行的行为习惯，描述确认有效法

〔39〕 作为法律体系中的一项规则，承认规则赋予司法机关义务，但是，它不是与普通法中的成文法或条款具有相同含义的法律规则。如果是这样，它将决定自身的有效性，或许，最好将其理解为司法惯例。

律的标准。这样的标准并不需要得到许可。[40] 为使承认规则实现其功能,确定在特定法律体系中什么是法律,该体系中的官员必须将承认规则之内容视为"官员彼此之间共同行为的标准,并且把他自己或他人偏离规则的行为评价为错误"。[41] 从这个意义上讲,法律体系中的官员接受承认规则之内容,并接受它作为提供确定有效法律的标准。这种接受不必基于对承认规 84
则道德有效性的认可,也不要求有价值深层理论所要求的完全的正当理由。但是,这种接受确实要求接受承认规则作为确定具有法律效力的规则(legally valid rules)的适当方法,因此那些不使用承认规则适当标准的人确实受到批评。

> 承认规则的修改不能仅仅由议会单独行动而实现。至少在法律体系中,只有当某些官员接受改变其内容时才能够得以修改。即使用以确定有效法律的标准已包含在制定法中,也"不会使承认规则降为与制定法同一个层次的规则,因为该项法律之所以能取得法律地位,仍然必须建立在承认规则先于并独立于该

---

〔40〕 Hart, above n 35, at 107 – 8.

〔41〕 Ibid, at 113.

项法律而存在这个事实”。[42]

这样一来,即使现任议会想要制定一部法律,这部法律因为两部《议会法》与公约权利不相符而归于无效,也不会使承认规则降为与普通制定法同一个层次,更不会修改承认规则。除非法律体系中的官员接受承认规则的这种修改——如他们认为根据这些新标准确定法律是“正确”的,而以任何其他方式确定法律是“错误”的——否则承认规则不会被修改。[43] 因此,承认规则的修改,即使是由制定法促成的,也不要求后来的议会受先前议会的束缚。后来的议会受制于法律体系中官员的行为——当议员、法院和法律体系中的行政官员接受承认规则的修改时——而不仅仅是通过议会的单独行动。如果官员不接受制定法启动的承认规则之修改,那么这种修改将不会成功。

因此,如果要修改承认规则,则可能赋予公约权利以刚性,而违反公约权利的法律将不被视为有效的法律。但是,在适用

〔42〕 Hart, above n 35, at 108.

〔43〕 很难确定需要多少法律体系中的官员接受承认规则的此种修改,才能使此种修改发生。准确的数字可能取决于声称修改承认规则的情况。

承认规则赋予公约权利以刚性时,可能存在三个困境。第一个困境源自哈特对承认规则的描述,即承认规则既包含一条规则,又包含一系列标准。[44] 这限制了刚性的范围。这只是对承认规则"最高标准"(supreme criterion)的修改,这一修改可以在不违反持续性议会立法至上的前提下,成功赋予公约权利以刚性。第二个困境是哈特认为承认规则本身具有应用的核心(core)和适用外围(penumbra)。[45] 虽然修改承认规则之核心需要法律 85
体系中官员的接受,但是仅通过法院就可以修改承认规则之适用外围——无须观察法律体系中其他官员的行为,以决定如何解决作为承认规则之内容的适用外围问题。因此,赋予公约权利以刚性,而且若是刚性的实现并不会产生抵触持续性议会立法至上的实质危险,那就需要对承认规则的核心含义进行修改。第三个困境是由于承认规则与持续性议会立法至上之间的联系。如果不能将承认规则的修改解释为对议会

---

〔44〕 See, eg the conclusions of K Greenawalt in his pursuit of the rule of recognition for the US legal system in 'The Rule of Recognition and the Constitution' (1986 – 1987) 85 *Michigan Law Review* 621.

〔45〕 Hart, above n 35, at 119 – 20. Issues surrounding the core and penumbral meanings of the rule of recognition are discussed by P Oliver in 'Sovereignty in the Twenty-First Century' (2003) 14 *King's College Law Journal*, 137, 152 – 54.

立法至上理论的修改,也不能从持续性议会立法至上转变为自我限制性议会立法至上,那么,承认规则的修改在实践中是难以实现的。

(1)最高标准的修改

哈特主张,承认规则通常包含"几个标准,以相对从属和首要的顺序排列",其中一个标准是诸标准中的"最高者"。[46]"最高标准"是指:

> 如果依据此标准,规则仍然能被认可为规则体系中的规则,即使它们与根据其他标准所确认的规则相冲突;反之则不然,那些根据其他标准被确认的规则如果与依据最高标准确认的规则相冲突,就不再被认可为规则体系中的规则。[47]

因此,最高标准和其他承认规则的标准之间存在等级关系。只有修改承认规则的最高标准,才会产生刚性。如果遵循公约权利的要求被视为承认规则的次级标准(minor criterion),那么

---

〔46〕 Hart, ibid, at 102.

〔47〕 Ibid, at 103.

遵循承认规则最高标准的立法仍将被视为是有效的，即使此法律违反公约权利。

通过修改承认规则以使公约权利实现刚性似乎成了一个问题。哈特认为，承认规则中只有一个标准是最高的。[48] 这将会使修改后的承认规则的标准显得有些奇怪，因为依据这个标准，立法应与公约权利相符合。如果这样，意味着违反公约权利的议会所立之法将不被视为有效法律，但是遵循公约权利的下议 86
院决议，即使未经贵族院或君主批准，也将被视为有效法律。然而，尽管将至上性限制为承认规则的一个标准，哈特还是认为，"'任何女王会同议会所制定的都是法律'这一公理，是被认可为识别法律的终极标准"。[49] 虽然这个标准是一项明确的标准，但都包含了不同的要素——女王会同议会制定法律，法律需要平民院、贵族院和君主的同意，或者平民院和君主根据1911～1949年《议会法》的条款单独立法。因此，从理论上讲，可以修改承认规则的最高标准，使最高标准包含一个附加的构成要素——与公约权利相一致。

---

〔48〕 Ibid, at 102.

〔49〕 Hart, above n 35, at 145.

(2)核心和适用外围

哈特也主张承认规则可能是开放结构的(open-textured)。尽管承认规则具有一个明确的核心含义,但在核心含义的外围,一个标准是否属于承认规则的组成部分还是有争议的。当法律体系中的官员接受对承认规则内容之修改,承认规则之核心就会改变——问题是对官员的批评是不遵守新的承认规则,而不是不遵循旧的承认规则。因此,通过修改承认规则的核心要素而获得的刚性,不会违反持续性议会立法至上。但是,围绕承认规则适用外围的疑问,可以通过享有足够权力能决定该问题的主体即法院的行动来解决。[50] 然而,如果法院仅通过审查普通法的条款来解决该问题,不通过分析法律体系中其他官员的行为来查清政治现实,那么通过修改承认规则而获得的刚性就有陷入自我限制性议会立法至上的危险。如果法院仅通过修改普通法律条款就能解决承认规则的适用外围问题,那么立法机关也有可能通过优先于普通法律的制定法条款来解决这些问题。如果发生这种情况,那么议会将能束缚其继任者,这违反了持续性议会立法至上。

---

〔50〕 Ibid, at 145 - 8.

有关公约一致性作为立法有效性的一个标准,是否是承认规则的适用外围会存有争议。实际上,1998 年《人权法》本身的制定颁布,可能被解释为造成了或凸显了这一问题。尽管从该法案的条款中可以清楚地看出,它并不要求将“与公约一致”作为合法的条件,但它已被解释为一部宪法性法律。[51] 它也可以被视为从持续性议会立法至上原则向确立权利文化、有限民主 87
和议会主权的潜在转变。

然而,最好将这种困境理解为导致了现实问题,而非概念问题。法院能够解决承认规则适用外围的复杂问题,因为法院是享有解决这些困难的固有权力的机构。但是,不能仅以此为由,认为法院仅通过审查普通法律的原则就可以决定此类问题。[52] 所以,不能以立法凌驾于普通法之上,推翻法院已经做出的判断,还需要考虑法院对此类立法的反应。即使议会想要通过制定法律来解决适用外围问题,如果议会被认为并无权威解决此类问题,那么法院也可以作出替代的权威解决方案。

---

〔51〕 *Thoburn v Sunderland City Council*[2002] EWHC 195(Admin),[2003] 1 QB 151.

〔52〕 But see Oliver, above n 45.

但是，很难区分承认规则的修改和普通法律的修改。[53] 法院在确定承认规则的范围时适用的法源，与法院在确认司法裁判权威性的范围时适用的法源存在差异。在评估普通法时，法院会检查法源，并在法源未能提供答案时做出选择。在确定承认规则的范围时，法院转向政治渊源和法律渊源，基于政治事实和法律事实获得权威性的裁判。[54] 此外，在确定普通法的范围时，通过法院决定普通法的固有管辖权，司法裁判获得权威性。法院是普通法适用范围的最终仲裁者。在确定承认规则的范围时，法院通过他人接受其裁判结果而获得权威——其权威来自其裁判的成功。[55] 修改承认规则的核心要素和外围适用要素，都可在并不挑战持续性议会立法至上的前提下实现刚性。

(3)承认规则和议会立法至上

哈特认为，“任何先前的议会都不能排除其‘继任者’废除其立法这一原则，这构成了法院在确定有效法律规则时，所采用的最终承认规则的一部分”。[56] 而且，他认为，议会主权的规则

---

〔53〕 This is recognised by Hart himself: Hart, above n 35, at 149.

〔54〕 See, NW Barber, 'Sovereignty Re-examined; the Courts, Parliament and Statutes' (2000) 20 *Oxford Journal of Legal Studies* 131.

〔55〕 Hart, above n 35, at 149.

〔56〕 Ibid, at 145.

存在不确定性,例如,是否允许议会在方式和形式上约束其继任 88
者的问题便是此种不确定性的表现。作为一个适用外围问题,它的解决将取决于法院作出的权威性选择。[57] 这给通过修改承认规则实现公约权利的刚性效力带来了困难。如果要以这种方式强化公约权利,那么,当法院的判决认可承认规则的变化使公约权利得以刚性化时,公约权利的刚性效力得以实现。然而,这样的裁决也可能被解释为议会立法至上性质的转变。法院作出的推翻违反公约权利之立法的裁决,也可以被解释为从持续性向自我限制性议会立法至上的转变。考虑到对有效法律渊源的重新定义,也可以解释为对立法通过方式和形式的修改,这一点就更为攸关了。[58] 因此,困境在于,是否可以修改承认规则最高标准实现公约权利的刚性,而不会被视为凌驾于持续性议会立法至上。

韦德在法克特塔梅诉讼案中的分析阐明了这个问题。韦德将法克特塔梅第二案视为一种改变基本宪法规则的司法承认或创造,该规则决定了法院认可有效立法而使用的标准。他认为,

---

〔57〕 Hart, above n 35, at 146 – 8.

〔58〕 See discussion above and P Mirfield, 'Can the House of Lords be Lawfully Abolished?' (1979) 95 *Law Quarterly Review* 36, 38 – 9.

在法克特塔梅第二案之前,议会不能约束其继任者。然而,在法克特塔梅第二案之后,议会可以约束其继任者。正如它通过1972年《欧洲共同体法》限制1988年《商务船只法》所做的那样。1972年《欧洲共同体法》的规定只能通过明示而不是默示废除的方式来推翻,其规定了约束未来议会的具体方式和形式要求。这些限制是当时普遍存在的宪法安排——在持续性议会立法至上的宪法安排内无法实现。因此,对韦德来说,法院这一裁决必须标志着一场革命,尽管是一场技术性的法律革命。法院已经打破了持续性议会立法至上的边界,转向了自我限制性议会立法至上。[59]

尼尔·麦考密克提供了对法克特塔梅案件的另一解释,该解释可能解决这个困境。他的解释建立在定义主权规则的不同分析上:一种分析将主权定义为义务施加型规则,要求法院承认立法主权机构所制定的法律为有效法律;另一种分析将主权视为权力授予型规则,授予立法主权机构制定有效立法的权力。麦考密克将义务施加型规则称为"承认规则",将权力授予型规

〔59〕 Ibid. See, N McCormick *Questioning Sovereignty*: *Law, State and Nation in the European Commonwealth* (Oxford, Oxford University Press, 1999) 80 – 81 and P Oliver, above n 38, at 301 – 02.

则称为“变革规则”（a rule of change）。

根据麦考密克的观点，韦德对法克特塔梅案件的分析融合 89
了这两种理论。韦德依据威斯敏斯特议会的权力描述了持续性议会立法至上，即它有权就任何问题制定法律，除了不能立法约束其继任者。麦考密克认为，这也意味着议会不能制定违背持续性议会立法至上的法律。这不仅是指旨在约束其继任者的法律无法实现其目标——其条款还受制于默示废止规则——而且议会无权以这种方式行事。[60] 麦考密克将这一规则归类为变革规则——一项关于议会改变法律的能力的规则。然而，当哈特表达“议会中女王颁布的任何东西即为法律”这一承认规则时，[61] 他关注的是主权学说的另一个方面，即承认规则关注的是我们如何识别有效法律的问题，而不涉及立法者的权力。[62]

麦考密克利用变革规则和承认规则之间的区别来改变韦德面临的问题，对法克特塔梅案件标志着法律革命的观点提出了挑战。现在问题已变成确定变革规则范围的问题：议会是否有权修改承认规则？持续性议会立法至上这一理论授予议会就任

〔60〕 McCormick, ibid, at 83.

〔61〕 Hart, above n 35, at 148.

〔62〕 McCormick, above n 59, at 84 -6.

何需要的事务制定法律的权力，包括修改承认规则的权力，议会可以这样做，但前提是不以约束后来的议会为目的。麦考密克认为，1972 年《欧洲共同体法》可以被解释为标志着承认规则的变化，既涉及确认新的法律渊源——直接有效的欧洲共同体法律已经成为英国法的渊源——也涉及改变不同有效法律渊源之间的优先权规则，因为直接有效的《欧洲共同体法》优先于国内法。然而，《欧洲共同体法》对后来的议会没有约束力。后来的议会也可以改变承认规则，前提是它们明确表示要这样做。[63]

麦考密克对法克特塔梅案件的解释确实有助于使刚性效力成为可能，但这是以部分挑战议会立法至上学说为代价的。从变革规则的角度分析，议会立法至上的持续性本质没有受到挑战，可以说，这种解释主要是戴雪的贡献。议会只是改变了承认规则。这一改变并不约束后来议会的立法权，它保留了进一步修改承认规则的能力。因此，议会立法至上仍然是持续性的而非封闭式的。然而，当从承认规则的角度进行分析时，就发生了转变。法院有义务只接受那些被承认规则确认为合法有效的立
90 法，即那些与直接有效的欧洲共同体法律兼容的法律，除非那些

〔63〕 Ibid, at 88 – 9.

法律声称要求改变承认规则，不再要求遵守直接有效的欧洲共同体法律的规定，这只能通过明确的规定来实现。在改变承认规则所需的方式和形式方面，议会对其继任者具有约束力。然而，它仍然需要转变议会立法至上的性质。议会在改变承认规则的立法方式和形式上受到限制。[64]

韦德难题的一个更好解答是，认识到议会无权单独修改承认规则。法律提供了立法机关意愿的例证，一部制定法就是立法机关意愿的证明，它可以提供法律系统中一个部门官员愿意改变承认规则的事实证据，或者至少有一部分成员有此意愿。但这部制定法并不能改变承认规则和制定法自身。承认规则的改变需要系统内不同类型官员的代表的接受，即立法机关、司法机关和那些监管或执法机关的成员共同接受。虽然法院能够就承认规则的内容作出权威性的法律声明，但法律判决只有在它被接受的情况下，才能成功地改变承认规则。法院审查政治事实以确定承认规则的内容，并可以在确定这些政治事实时将法定声明考虑在内。同样，法院的声明本身也是一个政治事实，是一个要考虑议会立法至上性质的政治事实。这可能是通过一个

---

〔64〕 麦考密克关于将其适用于英联邦的精彩论述，参见 P Oliver, above n 45, at 301 – 14。

演变过程发生的，表明法律系统内官员的实践在逐渐变化。

(4)实践问题

通过修改承认规则使公约权利具有刚性是有可能的。然而，以这种方式实现刚性效力则面临过多的实际困难。它的成功取决于我们对议会和法院行动的宪法意义的解释，特别是当立法的启动是以对承认规则进行修改为目标之时。这些困难在贵族院对杰克逊案具有深远影响的判决之后，通过对 1911 年和 1949 年《议会法》中宪法意义的新型解释，得到了恰如其分的证明。

杰克逊案涉及 2004 年《狩猎法》的有效性，该法规定禁止以狗狩猎和野兔追逐。《狩猎法》是在贵族院拒绝同意平民院
91 提出的法案后，根据 1949 年《议会法》修正的 1911 年《议会法》的规定通过的。有人认为，1949 年《议会法》是无效的，因为它没有按照 1911 年《议会法》规定的程序通过，即未经贵族院同意而颁布。但 9 位法官都认为 1949 年《议会法》和依该法制定的 2004 年《狩猎法》是有效的立法。在得出这一结论时，所有法官都同意，根据《议会法》规定颁布的立法是一级立法。此外，他们一致同意，如果在提交的法案中不对 1911 年《议会法》第 2 条进行修改，则根据《议会法》规定的程序，该法案不能将

议会任期延长至5年以上。

这两个结论对持续性议会立法至上构成了一个悖论，因为它们意味着1911年《议会法》第2条不能被默示废止，而必须明示废除。依据持续性议会立法至上，有一点是毋庸置疑的：根据《议会法》制定的新的立法将议会任期延长至5年以上，其本身是对1911年《议会法》第2条的废除。对这一结论的一种可能的解释是，1911年《议会法》的颁布导致了承认规则的变化。虽然制定法本身不能改变承认规则，但它的颁布可被视为议会接受对立法通过方式的改变。这一变化也可能被法律系统中的其他官员接受，他们将会认可根据《议会法》程序通过的法律为有效立法。议会和法院的接受将会被视为政治事实的转变，标志着承认规则的改变。

霍普(Hope)法官和尼科尔斯(Nicholls)法官对杰克逊案的解释也有参考意义。霍普法官提到了哈特关于承认规则的概念，[65]并得出结论说，议会主权最终是基于政治事实。[66] 此外，他评估了1949年《议会法》的有效性，认为至少部分可归咎

〔65〕 *R(Jackson) v Attorney-General*[2005] UKHL 56, [2006] 1 AC 262, [126] and[128].

〔66〕 Ibid, at[120].

于议会和法院都实践并信赖该法。霍普法官指出，不可能得出1911年《议会法》重新定义了法律的结论，[67]因为这样的结论违背议会立法至上的原则。尼科尔斯法官还得出结论认为，1949年《议会法》的有效性至少部分取决于议会利用《议会法》的条款颁布了进一步的立法，而且这种立法没有受到法院质疑这一事实。[68]

92 然而，在杰克逊案的9项判决中，只能找到2项判决间接支持了1911～1949年《议会法》将导致承认规则发生转变的主张。这一事实表明，尽管这是可能的，但它既不是对判决的唯一解释，也不必然是最有吸引力的解释。这种解释被斯泰恩法官明确拒绝，[69]他倾向于通过自我限制性而非持续性议会立法至上来得出结论。[70] 黑尔法官也主张自我限制性议会立法至上，反对持续性议会立法至上。[71] 此外，与霍普和尼科尔斯法官的判决以对承认规则修改为基础的间接支持的方式相比较，斯泰

〔67〕 Ibid, at[113].

〔68〕 Ibid, at[67]-[69].

〔69〕 *R(Jackson) v Attorney-General* [2005] UKHL 56, [2006] 1 AC 262, at [99].

〔70〕 Ibid, at[81]-[86].

〔71〕 Ibid, at[160]-[66].

恩和黑尔的判决,则是对自我限制性议会立法至上更强有力的支持。

埃金斯也批判了杰克逊案标志着承认规则发生转变这一观点。虽然他认为这种转变是可能的,但他认为这种转变并没有发生,因为目前对承认规则的定义只延伸到主权立法机构的定义,而没有提到主权立法机构为了确保其行动被法院承认为有效立法所必须采取的行为方式。然而,很难知道埃金斯是如何就承认规则的性质得出这一结论的。的确,哈特提到承认规则的内容时,包含了一个简单陈述——"君临议会颁布的任何法律皆为有效法律",但重要的是要明白,哈特后来认识到他在这里指的是承认规则的最终标准,而且他的目标是尽可能简单地描述在英国如何表达这一点。[72] 实际上,精准地描述承认规则的内容要复杂得多。

尽管存在这些困难,但仍可以提供一些示例,在这些示例中可以更清楚地找到对承认规则的成功修改。一个例子就是马津巴穆托诉拉德纳-伯克案。[73] 在罗得西亚单方面宣布独立后,南罗得西亚高等法院上诉庭以及后来的枢密院,不得不在两种

〔72〕 Hart, n 35, at 104 and 117.

〔73〕 [1969] 1 AC 645 (PC).

对立的主权主张之间进行选择,即南罗得西亚当局的主权和英国主权。在这两种主权权力主张之间进行选择时,法院也是在承认规则的两种不同的最终标准之间进行选择。将本案解释为法院选择改变或保留承认规则的最终标准更容易一些,因为这种转变伴随所谓的政治主权的改变。这标志着一场革命,而不仅仅是韦德暗示的法律技术意义上的革命。然而,这并不意味
93 着承认规则只有当政治主权发生变化时才会改变。它只是说明,从政治主权的改变中识别承认规则的改变可能更加容易。

第四节 结 语

本章分析了持续性和自我限制性议会立法至上之间的区别。通过分析得出的结论是,它们的区别并不取决于刚性发生的可能性,而是取决于刚性实现的方法。自我限制性议会立法至上的理论使未来的议会能够在立法方式和形式上约束其继任者。因此,享有自我限制性议会立法至上地位的议会,可以仅通过颁布立法来使法律条款获得刚性。相较而言,持续性议会立法至上则不允许议会在立法方式和形式上约束其继任者。这并

不意味着在拥有持续性议会立法至上原则的法律体系中,刚性是不可能实现的,这仅仅意味着这种刚性不能通过议会的单独行动来实现。

我们认为,实现这一点的方法之一是修改承认规则。对承认规则最高标准之核心含义的修改,只有在法律体系内的官员都接受这种改变时才能实现。如果要改变承认规则,除非立法与公约权利相符,否则会被认为是不合法的无效法律,这样也许会成功地使公约权利取得刚性效力,而不抵触持续性议会立法至上。然而,在实践中,通过这种方式实现刚性是很困难的。特别是,我们可能很难区分被解释为转变承认规则的事实和那些被用来表明从持续性向自我限制性议会立法至上改变的事实。因此,在实践中刚性效力很难获得。

95

第四章　民主与权利

本书前文部分已经阐明,《人权法》可以为公约权利提供更强的权利保障,同时不违背持续性议会立法至上原则的主张。首先,由于默示废止规则的适用范围非常狭窄,且只能在认定新法与旧法存在明显冲突时,通过解释新法废除旧法,从而可能产生一种刚性效力。其次,对公约权利的保护也可以通过修改承认规则获得刚性效力。这两种方法至少在理论上是可行的,且不会违背议会至上原则。但在实践中,这一刚性效力可能很难实现,特别是很难通过修改承认规则来强化公约权利。那些支持承认规则改变的论据,也可以被认作持续性议会立法至上原则已经转变为自我限制性议会立法至上原则的证据。以上结论会受到下列观点的质疑,即为了满足坚持议会立法至上原则的需要,而认为《人权法》并不能使公约权利获得刚性效力。

对此,可能有两种反应:第一,应该通过修改《人权法》来强化公约权利。第二,《人权法》应该被保留下来,因为它的价值超越了保存持续性议会立法至上原则的需要。在接下来的篇章中,我将论证目前存在于《人权法》中的公约权利保护具有正当性之问题,因为《人权法》提供了一种权利保障的民主对话模式。正因如此,《人权法》可以在人权保障和保有民主这两种竞争性需求之间寻求达成平衡之目标。

为了论证这一点,首先,我们将回归戴雪的持续性议会立法至上的理论,以及他对自己理论所做出的修正。其中可以看出戴雪是如何看待平衡权利与民主之需求的,尽管他所主张的平衡并不同于《人权法》的模式。其次,我们将分析那些支持和拒
绝给予权利更强保护的观点,说明这些理论至少部分建立在保 96
有民主与人权保障之间存在价值冲突的假设之上。本章的目的并非将这些争论置于批判视角之下,而是要首先展示这些争论的主要轮廓,从而在后面的章节中发掘一种可以回应这些争论且蕴含在《人权法》中的民主对话模式,实现权利与民主之间的平衡。

第一节 戴雪与民主

我们很难在戴雪的著述中找到他为持续性议会立法至上的法律原则所做的精确论证。第一,戴雪的首要关注点是证明持续性议会立法至上原则是一种法律事实,而非一种政治性的主权概念,即证明主权是被授予某一特定机构而存在的。因此,将戴雪关于主权的政治理论拼凑在一起可能并非易事。第二,戴雪在后期作品中关于持续性议会立法至上的观点和论证,与他在《英宪精义》一书中主张的观点相比,已经发生了很大的改变。尽管存在这些困难,但依然清晰可见的是,戴雪对持续性议会立法至上原则的论证是基于持续性议会立法至上原则对民主价值的坚守。

在戴雪的《英宪精义》一书中,我们可以找到他关于议会立法至上与民主之间的联系的观点。尽管没有法律对议会能立什么样的法律进行限制,但还是存在对议会的外在与内在限制,以维护民主。对君临议会的外在限制源自选民的意志。法律上的主权者通过的法律“由于存在大众反抗的可能性而处处受限”。[1] 比如，戴雪举例说，议会不能通过立法来延长自身的寿命，或通过立法剥夺选民投票权，或进行“反动性立法”（reactionary legislation）。[2] 尽管从法律意义上来说，议会可以制定这样的法律，但选民的反应却使议会不能以这种方式立法。对议会的内在限制，则是源于主权自身的秉性。即使专制君主也会在恣意立法时有所收敛，尽管在他人看来这种收敛是极少出现的或遥不可及的。

对戴雪来说，代议制政府的特殊作用是确保施加于主权立法者的内在和外在限制是唇齿相依的。而主权立法者从其组成本身来说，也不希望制定那些会招致普遍反抗的法律。[3] 因为这样做会促使选民在大选中改变平民院的组成，以确保他们的 97
意志能被一个组成不同的主权立法机构更好地体现。由此，戴雪得出以下结论：

> 选民的意志应始终以常规的和宪法的方式来表

[1] AV Dicey, *An Introduction to the Study of the Law of the Constitution*, 10th edn (London, Macmillan, 1959) 79.

[2] Ibid.

[3] Ibid, at 82 – 5.

现,并最终在整个国家发挥主导作用。[4]

常规的方式是指由于下议院面临定期选举,选民能够对其组成表达意愿。而宪法的方式则是持续性议会立法至上法律原则的应有之义。持续性议会立法至上原则保证对宪法性法律的修改与其他形式的立法相同。因此,大选将为选民提供对宪法性问题以及其他议会立法做出反应的机会。同样,选民也能针对潜在的宪法和法律改革问题进行辩论。[5]

持续性议会立法至上的法律原则要求法院承认"君临议会"为立法主权者,享有不受法律限制的立法权。通过这样的方式,它保证了对主权立法机构的限制只能来自内在和外在的政治限制,其作用是确保立法机构不会以激起民众抵抗的方式立法。这意味着平民院作为一个民主代议机构,比法院更能辨别选民的意志,也因此能更好地捍卫民主。[6] 戴雪对持续性议会立法至上原则对民主的促进作用的分析,依赖于他认为英国宪法创设了自我修正的单一民主制(a self-correcting unitary

〔4〕 Ibid.
〔5〕 Ibid, at 73, fn 1.
〔6〕 Ibid, at 74.

democracy）的观点。英国不是联邦国家而是单一制国家，其自我纠正的特质源于代议制属性，这种体制维系了加诸主权立法机构的内在和外在限制之间的联系。[7]

戴雪对持续性议会立法至上原则的论证建立在对政治事实的分析之上。只有当政治系统的运作确保了加诸主权立法者的内在和外在限制一致时，持续性议会立法至上才能坚守民主，选民的意志也才能得以坚持。这使持续性议会立法至上的法律原则被置于一种不稳定的基础之上。首先，可以从事实角度来反驳戴雪的观点。是否真的存在某些方法，可以确保代议制民主实现威斯敏斯特议会所立之法与选民意志保持一致呢？其次， 98
戴雪的理论没有在更深层次上对适用自我修正的单一民主制模式做出论证，使他对这一模式的偏好饱受批评。选民的意志是否真的应该优越于那些对选民权力施加的法律限制，尤其是那些意在保障人权的法律限制？戴雪认识到了这些理论上的弱点并回应了这些批评，这也部分解释了为什么戴雪在他的晚期作品中，改变了他在《英宪精义》中提出的主权观，这有助于我们理解他为持续性议会立法至上的法律原则所做的

---

〔7〕 PP Craig, *Public Law and Democracy in the United Kingdom and the United States of America* (Oxford, Clarendon Press, 1990) ch 2.

政治分析。

一、事实准确性

对戴雪关于议会内在与外在限制之关联性的论述，可从两方面进行批评：一为是否符合写作时的真实情况，二为是否能够真切描绘英国宪法当前的真实运作。保罗·克雷格（Paul Craig）就提出了非常好的批评，他特别注意到了政党政治的发展限制了代议制民主确保议会内在与外在限制之间一致性的能力。随着政党政治的发展，权力从议会移转到行政机关手中。议员更关心他们是否代表了政党的意志而非选民意志。由此，法律将更有可能在不代表人民意志的情形下获得通过。而法律一旦获得通过，将在立法簿上长期存续，从而进一步割裂议会表达于立法中的意志和选民真正的意志。[8]

克雷格认为，与戴雪同时代的其他政治评论家都对这种政党政治的发展有所觉察，戴雪本人却没有给予充分重视。[9] 戴雪在《英宪精义》中虽未提及政党政治的影响，但是，他的后期

---

[8] PP Craig, *Public Law and Democracy in the United Kingdom and the United States of America* (Oxford, Clarendon Press, 1990) ch 2, at 39 – 43.

[9] Ibid, at 43 – 7.

作品的确吸纳了这些批评观点。[10] 他对政党体制发出的"议会主义"(parliamentarianism)的批评就是明证。他认为,"议会多 99
数至上的拟制往往或多或少地剥夺了大部分少数群体应有的政治影响力"。[11] 因此,他意识到政党政治可能使议会的内在限制与选民意志脱离。对"议会主义"的这种认识至少部分影响了戴雪后期对全民公决理念的倡导。不同于大选,全民公决要求选民关注事项本身而非人选或政策。另外,那些因为无法找到能代表他们意志的议员,或者因为自己是支持某一特定政党选区中的少数群体,而不愿参与大选的人,却会在就某一特定问题进行全国范围内的全民公决时感到真正行使了投票权。全民公决是传达选民意愿的更优方法,因为:

〔10〕 AV Dicey 'Democracy in Switzerland' (1890) 113 *Edinburgh Review* 113, 143 - 5; 'Ought the Referendum to be Introduced in to England?' (1890) 57 *Contemporary Review* 489, 501 - 2 and 507 - 09; 'The Referendum' (1894) 23 *The National Review* 65, 65 - 8 and 70 - 72; 'Will the Form of Parliamentary Government be Permanent?' (1899) 13 *Harvard Law Review* 67, 77 - 9; 'The Referendum and its Critics' (1910) 212 *Quarterly Review* 538, 539 - 54 and *Introduction to the Study of the Law of the Constitution*, 8th edn (London, Macmillan, 1915) xci-ii and c. Further evidence is found in Dicey's lectures, the notes for which are held in the archives of the Codrington Library, All Souls College, Oxford.

〔11〕 Dicey, 'The Referendum and its Critics', ibid, at 67.

> 当国民在关键时刻以自己的声音发出明确的要求时，甚至那些幕后经营者和操纵政党的人也不得不谨记他们必须尊重整个国家的意志。[12]

戴雪认识到由于对议会内在与外在限制的相互关系问题上存在的潜在的事实不准确性，削弱了他对持续性议会立法至上作为一项政治原则的论证，此外，其还导致了人们对戴雪自己未坚持戴雪主义（Dicey himself was not Diceyan）的指责。这是由于戴雪被认为在其后期作品中修正了自己关于主权的论述，转而主张强化对持续性议会立法至上原则的背离。[13] 当对英格兰采取全民公决表示支持时，戴雪赞同可以通过不同机制来实现这一点，包括由议会通过一部全民公决法。特别值得注意的是，戴雪主张在拟议的全民公决法案中加入一项条款，使"废除、更改、增加或其他影响"至高宪法的条款，未经全民公决不得成为法律；并且，任何旨在做出这种改变的法案，如果未经全

〔12〕 Dicey, 'The Referendum and its Critics', above n 10, at 559.

〔13〕 See the criticism of R Weill, 'Dicey was not Diceyan' (2003) 62 *Cambridge Law Journal* 474.

民公决,“任何法院都能认定其无效”。[14] 戴雪认为,《王位继承法》、1707 年《与苏格兰联盟法》、1808 年《与爱尔兰联盟法》,以及各议会改革法和拟议的全民公决法案,都属于这类条款,须经全民公决才能修改。

戴雪提出的全民公决法案对持续性议会立法至上原则的挑战,就如同《人权法》第 19 条以及 1911 ~ 1949 年《议会法》带来的挑战一样。它要求宪法性条款的修改方式不同于其他普通立 100
法,并且法院不应该认可那些没有按照全民公决法案所要求的特定方式和形式通过的法律。[15] 因此,对持续性议会立法至上原则进行的论证看起来不仅在事实上不准确,而且戴雪自己认识到需要拒绝将持续性议会立法至上原则当作一种政治理论的做法。我们认为,尽管这削弱了戴雪对持续性议会立法至上原则的坚守,却显示了保障民主的议题在戴雪对持续性议会立法至上原则的主张中的重要性,这一点在他早期和晚期的作品中都是坚定不移的。

首先,并不能清晰地看出戴雪是否主张偏离持续性议会立法至上原则。尽管戴雪竭力坚持引入全民公决制,但他仍然认

〔14〕 Dicey,'The Referendum and its Critics',above n 10,at 554. and Weill,ibid.

〔15〕 Weill,above n 13.

为英国法适用持续性议会立法至上原则，而且始终支持这一法律原则。[16] 最为基本的是，戴雪主张某些类型的立法应当采用不同的方式和形式予以制定，而法院也只能承认这些经由特别的方式和形式制定的法律为有效法律。他的这个主张并不构成对持续性议会立法至上本身的减损。戴雪注意到，一种反对他提议的全民公决法案的观点认为，这些条款是无用的。议会总能通过在议案中添加一些文字来回避落入全民公决法案的规定。[17] 对这一批评，戴雪的回应是，选民所施加的政治压力将使议会不能制定与拟议的全民公决法案相反的法律，除非它认为这样做在政治上是适宜的。[18] 但他并没有从法律角度论证应如何强化拟议的全民公决法案。

认为戴雪主张偏离持续性议会立法至上原则的另一个论据是，戴雪认为，他所倡导的全民公决法案只能被明示废除，不能默示废止。因为戴雪认为议会只可以通过法律中的某些文字使其免受全民公决法案的规制，而默示废止在他看来是不能成立

〔16〕 See Dicey's commitment to this principle in the introduction to the 9th edn of *An Introduction to the Study of the Law of the Constitution*, above n 10, xviii – xxxvii.

〔17〕 Dicey, 'The Referendum and its Critics', above n 10, at 555.

〔18〕 Ibid. See also V Bogdanor, 'Dicey and the Reform of the Constitution' [1985] *Public Law* 652.

的。有两个观点可以对此进行反驳:其一,如果戴雪在关于全民公决法案的早期论述中,仅仅指出“议会有可能通过后续立法使其先前立法无效”[19]的可能性,则意味着全民公决法案的条 101
款既可以被明示废除也可以被默示废止,那么戴雪应该因其疏忽大意而非故意作为受责罚。其二,就如我们之前所说,默示废止的范围比其看起来还要狭窄。[20] 即使戴雪确实认为与拟议的全民公决法案存在冲突的情形,也并不会对默示废止规则造成挑战。只有在后法规定,无论全民公决法案的条款如何规定,本法亦可生效时,后法才被认为与全民公决法案明文冲突。

其次,即使我们的确认为戴雪放弃了持续性议会立法至上的主张,他的动机显然至少部分是因为议会应保证能代表选民的意志。[21] 全民公决设想的提出既是为了确保宪法条款得到保障,[22]

---

〔19〕 Dicey, 'Ought the Referendum to be Introduced in to England?', above n 10, at 499.

〔20〕 See ch 2.

〔21〕 See, Bogdanor, above n 18; I McLean and A MacMillan, 'Professor Dicey's Contradictions' [2007] *Public Law* 435 and V Bogdanor, 'The Consistency of Dicey: a Reply to McLean and MacMillan' [2008] *Public Law* 19.

〔22〕 Dicey, 'Democracy in Switzerland', above n 10, at 141 – 3; 'Ought the Referendum to be Introduced in to England?', above n 10, at 505 – 6; 'The Referendum', above n 10, at 69 – 70; 'The Referendum and its Critics', above n 10, at 539 and 558 – 9.

也是为了克服政党体制的缺陷,保证议会不会与选民意志背道而驰。[23] 保证选民仍然是实际的主权者,既可以改变普通的法律也可以改变那些宪法性立法。

二、自我修正的单一民主制?

戴雪从政治理论角度对持续性议会立法至上原则的论证,建立在英国宪制是一种自我修正的单一民主制的基础之上。之前,我们已经论述过这未必是确切的描述,其实戴雪自己也认识到了这一点。另外,克雷格认为这种民主模式存在缺陷。他认为,戴雪对持续性议会立法至上原则的论述是基于一种人民主权模式,但是,其论证是不完整的,因为戴雪将两种不同概念并置在一起,即多数选民的意志和全体选民的意志。即使我们承认对议会的内在和外在限制,能保证我们在议会中的代表通过立法反映大多数选民的意志,也不意味着该立法能反映全体选
102 民的意志。甚至存在通过的法律有违特定少数人的意志,导致法律的制定会损害个人权利的风险。[24]

---

〔23〕 Dicey, 'Democracy in Switzerland', above n 10, at 143 – 5; 'Ought the Referendum to be Introduced in to England?', above n 10, at 507 – 8; 'The Referendum', above n 10, at 70 – 72; 'The Referendum and its Critics', above n 10, at 539 and 559 – 62.

〔24〕 Craig, above n 7, at 34.

戴雪并未回避这些考量,他意识到保护民主与人权同样必要。然而,在讨论法治原则时,戴雪认为人权的最佳保障是普通法。戴雪作出了关于法治三原则的著名论述。首先,他主张法无明文规定不可罚,这与那些任意施加或者根据自由裁量施加的惩罚相对立。其次,所有人都应受到普通裁判机构(ordinary tribunals)适用的相同普通法律(same ordinary law)之规制。最后,宪法保护公民个人自由的一般原则,应体现在普通法法院的裁决中而非法律宣言中。[25]

戴雪不仅认为议会主权与法治是兼容的,而且认为议会主权会促进法治。持续性议会立法主权意味着主权者的意志只能通过立法的方式表达,并需要君主、贵族院和平民院的同意。这样做限制了决策权的恣意,因为法院不会认可由平民院或贵族院凭借立法权单独作出的决议。[26] 此外,法院还能限制行政机关恣意决定的能力,因为立法权只能由立法机关授予行政机关,而法院的审查将确保行政机关不能超越授权范围而行动。[27]这种审查不限于确定立法机关的意愿,也不限于对制定法的字眼

〔25〕 Dicey above n 1, at 183 - 203.

〔26〕 Ibid, at 406 - 08.

〔27〕 Ibid, at 408 - 11.

作出严格解释。相反,法院对立法的解释维护着宪法一般原则。这一点在下列论述中得以彰显:

> 由制定法授予和批准的权力,无论多么不寻常,都从来不是无限的。因为他们受限于法条本身的语言,更重要的是,他们受限于法官对法条的解释。[28]
>
> 而在解释法律时,司法机关受到了“普通法一般精神”的影响。[29]
>
> 当制定法构成了对普通法原则的例外时,法院将倾向于做出一种既不需要迎合公共官员,也不需要迎合议会两院的立法解释的解释。[30]

103 在戴雪的后期作品中,特别是在《法律与公共意见》(*Law and Public Opinion*)一书中,可以找到戴雪对法院最强功能的论述。戴雪承认法院不可推翻法律,但同时认为,“在解释法律的

〔28〕 Ibid, at 413.

〔29〕 Ibid.

〔30〕 Ibid, at 413 – 14.

过程中,法院可以间接限缩或扩展制定法的实施范围”。[31] 戴雪将人身自由、讨论的自由和私人集会的权利看作宪法一般原则的组成部分,受普通法的保护。这说明了戴雪关注着法治与公民权利——甚至现代更宽泛意义上的人权观——之间的联系。

我们对戴雪理论的分析,揭示了蕴含于戴雪将持续性议会立法至上原则视为一种政治原则的张力。持续性议会立法至上原则保障着民主,它能确保议会不得制定与选民意志相反的法律。另外,戴雪也敏锐地意识到保障基本权利的必要性,他认为法院对立法的解释足以保障这些权利。同样地,是否应当强化公约权利,以对抗选民对这些权利限制的意志,取决于民主与人权之间的平衡。

第二节　宪法权利

戴雪持续性议会立法至上原则的论证主张民主优先于权利

---

〔31〕 AV Dicey, *Lectures on the Relation between Law and Public Opinion in England during the 19th Century*, 2nd edn (London, Macmillan, 1914) 486.

的宪法保护。他认为主权应该授予议会这一民主机构。当然戴雪也认识到司法机关至少在部分意义上,更能有效保护公民权利免受立法的任意侵犯。对于多数人会侵犯少数人的权利,戴雪也持有警觉,将法院视作守护源远流长的普通法原则,以保障基本权利的良好的庇护所。

戴雪在保护人权与坚守民主之间寻找平衡点时考虑了两个相关问题,这两点可以帮助我们确定人权如何通过法律体系得到保障。首先,我们需要决定是坚守议会主权原则,从而促进民主的发展,还是允许保护人权的诉求压倒民主立法机构的意志。其次,我们需要决定哪个机构应该享有对权利做出权威性决定的权力。法院与立法机关,哪一个更适合就人权保护的范围给出正确的回答,哪一个更适宜对权利在特定情形下的适用做出
104 正确的回答?[32]下面我们就来看看,主张以宪法保护权利或是以民主方式保护权利的不同方法,如何回应这两个问题。这样,我们可以为以下的分析打一个基础,即通过一个民主对话模式,是否有可能实现有竞争性的民主和权利保护诉求两者

〔32〕 这一点与沃尔德伦提出的正义理论和权威理论之区分有相似之处,但并不等同。参见 J Waldron,'A Rights-Based Critique of Constitutional Rights' (1993) 13 *Oxford Journal of Legal Studies* 18, 31 -2。

的平衡。这也会为以后的章节提供一个理论上的分析框架，来解释人权法中权利保护的民主对话模式，以及《人权法》第3条和第4条如何被解释为促进立法机关和法院开展一种正确的对话。

最积极主张以宪法原则保护权利的人认为权利优先于民主，法院应被允许推翻那些限制或凌驾于人权之上的立法，法院应拥有确定人权范围和适用的终极权威。人权保护被视作客观的基本原则，优越于或者支撑着民主本身，因此应凌驾于立法机关之上。鉴于司法机关有权决定宪法性文件中法律权利的范围，它们被视为可以确定人权保障范围的最佳机构，这些问题完全是司法机关的专长。司法机关不仅有判断法律辩论的技能，而且司法独立原则也保证了它们对权利的判断免受政治意见的影响。因此，司法机关不会在保护少数人权利方面迟疑，即使这样的决定有可能对多数人不利。[33]

---

〔33〕 See, eg M Perry, ‘Protecting Human Rights in a Democracy: What Role for the Courts?’ (2003) 38 *Wake Forest Law Review* 635, 635 –45; J Laws, ‘Law and Democracy’ [1995] *Public Law* 72. 这类论述往往依据的是罗纳德·德沃金提出的审判理论。See M Loughlin, *Oublic Law and Political Theory* (Oxford, Clarendon Press, 1992) 207 –8.

普通法立宪主义(common law constitutionalism),[34] 尤其是约翰·劳斯法官(Sir John Laws)所倡导的立宪主义理论,是最接近提倡在英国宪制背景下以宪法方式保障权利的观点。与在制定法中载入这些权利的做法相反,这一观点将普通法中的权利置于优先地位。劳斯法官把对权利宪法保障的论证建立在隐含的个人自治价值之上,用康德的格言表述即每个人都要被视为目的而不是手段。劳斯认为,个人自治原则和从其中生发出的人权都在逻辑上先于民主。[35] 法院的适当宪法角色就是充当这些原则的捍卫者,[36] 甚至要挑战那些违反了这些基本权利的立法。[37] 司法机构是最适合决定基本权利内涵的机构。
105 也是因为这些权利源于个人自治,所以成为可以指导司法机关的无可争议原则。[38] 司法机关作裁决时,不太可能因政治因素而摇摆,相反会专注于确定基本权利的范围。[39]

---

〔34〕 关于普通法立宪主义及其不同组合方式的精彩论述,可参见 T Poole, 'Back to the Future: Unearthing the Theory of Common Law Constitutionalism' (2003) 23 *Oxford Journal of Legal Studies* 435。

〔35〕 Ibid, at 629.

〔36〕 Ibid.

〔37〕 J Laws, above n 33.

〔38〕 Ibid, at 78 -9.

〔39〕 Ibid, at 77 -90.

与通过立法或者宪法性文件罗列基本权利相比,赋予普通法权利保护以优先性,可能受到两方面挑战:第一,人权不应该凌驾于立法之上。相反,民主是比保护人权更根本的原则,因此立法应凌驾于人权之上。第二,也可以这样说,允许保护人权凌驾于立法之上并没有减损民主,而只是使权利能够在特定情形下优先于特定民主立法者的意志。也许有充分的理由应保护权利免受后来的议会不经意的删减,特别是在该宪法性文件本身也是通过民主立法过程订立的情形下。但用普通法的方式来保障基本权利则不会出现这种情况,因为普通法不是通过民主选举程序制定的。授予普通法上的权利以优先地位将使非民选法官的意志凌驾于选民意志之上,凌驾于民选代表和对选民负责的立法者所表达的意志之上。

约翰·格里菲斯(John Griffith)的论著是第一类批评之范例。他主张,权利是一种政治诉求。因此,权利凌驾于民主意志之上不具正当性,因为这样做不过是用一种在先的对权利的民主衡量取代在后的对权利的民主衡量,但偏好在先权利并不具有理论基础。另外,他也认为不应该授予法院决定人权内涵的权力。授予法院这样的权力就是授权一个非民选机构,使其对权利内容的政治意见凌驾于议会的政治意见之上。[40] 决定权利内容的权力本应属于议会。这不仅是因为议会更容易就某一权利的范围给出正确的答案,而且因为由议会决定权利的范围,因其决策的民主责任而更具正当性,这种决策是取不同政治诉求之相对优点而做出的。

但是,如果不将权利作为客观存在的,那么道德原则将不会在对人权的宪法保护或法律保护间产生冲突了。以康纳·吉尔蒂(Conor Gearty)为例,他在人权和法律权利之间也作了一个
106 区分。他拒绝把人权的存在仅当作政治诉求或者愿望,坚持认为某些法律权利应受到法院的保护。这些权利一旦被创造出来,就作为一种社会事实而存在。尽管吉尔蒂认为法院能更好地保障这些权利,他仍然主张立法的优先性。他主张对权利的保护是一种法律的保护,而非宪法保护,因而议会主权得以坚守。[41] 罗蒂(Rorty)也拒绝承认人权是客观的基本原则。不过,他认为在实践中,如果对权利的宪法保护,与其他权利保障

---

〔40〕 JAG Griffith, 'The Brave New World of Sir John Laws' (2000) 63 *Modern Law Review* 159, 165.

〔41〕 CA Gearty, *Principles of Human Rights Adjudication* (Oxford, Oxford University Press, 2004) ch 2. 有关这一区分的批评,参见 AL Young, 'A Peculiarly British Protection of Rights' (2005) 68 *Modern Law Review* 858。

方式相比较,可以证明更有可能实现特别的社会愿望时,那么我们应该对权利采取宪法保护,允许权利保障凌驾于立法之上。[42]

在布鲁斯·阿克曼(Bruce Ackerman)的著作中我们可以找到第二类批评。阿克曼区分了两种形式的立法:日常立法和在"宪法时刻"的立法。后者代表了民主多数在某个历史时刻做出的决定,在那一时刻,选民可以充分思考宪法原则,列出那些支撑其社会的基本权利。这与日常立法过程不同,在日常立法时,选民往往会限缩那些对立宪时刻至关重要的权利,并且无法对特定社会的宪法价值做出彻底的反思。在"宪法时刻",民主多数做出的决策应该超越日常立法过程中的民主多数决定,就如同一个人在清醒时做出的不酒驾的决定应该使他酒后索要车钥匙的要求无效。[43]

沃尔德伦对这一论点做出了批评,提出了权利的可争议性

---

〔42〕 R Rorty,'Human Rights, Rationality and Sentimentality' in S Shute and S Hurley(eds), *On Human Rights: the Oxford Amnesty Lectures* 1993(New York, Basic Books, 1993)111.

〔43〕 B Ackerman, *We the People: Foundations Vol 1*(Cambridge, Mass, Belknap Press, 1991); B Ackerman, *We the People: Transformations Vol 2*(Cambridge, Mass, Belknap Press, 1998).

(contestable)观点。如果我们接受权利是具有争议性的,就不可能将一个清晰的“宪法时刻”(选民在此时会特别关注宪法价值,并能够就宪法权利范围得出更好的结论)与其他没有这种清晰性的时刻区分开来。这种区分看起来是日常立法与“宪法时刻”立法之间的区分,实则是两种不同的权利理论的区分。也许并不存在合理的理由可以将它们对立起来,并认为一种权利理论比其他的权利理论更正当和准确,从而优于其他权利理论。〔44〕

围绕着是司法机关还是议会更适合对权利本质做出权威性
107 决定的争论,集中在公约权利的范围和适用是否具有可争议性这一问题上。可争议性指的是针对公约权利的范围和适用存在合理异议的情形,可能表现为权利的不确定性,或者表现为权利之间的不可相比性。前者指的是在划定特定权利范围时存在的困难,而后者指的是当不同权利发生冲突时要在它们之间实现平衡的不可能性。〔45〕

如果就权利的内容或它们在特定案件中的衡量结果存在合

---

〔44〕 Waldron, above n 32.

〔45〕 See, J Waldron, *Law and Disagreement* (Oxford, Oxford University Press, 1999) 224 - 31.

理异议，我们就很难得出结论，认为法院判决可以提供一个权利确定的答案，并可以否定立法机关的判断。对权利的宪法保护可能无法保证能维系那些逻辑上先于民主，或者支撑民主价值的基本原则。相反，它却可能允许非民选的司法机关的合理意见凌驾于民选议会的合理意见之上。对那些赞成权利的宪法保护模式者来说，这并不是致命一击，但它确实需要以权威理论(a theory of authority)来强化实质性的权利理论。鉴于我们既可以对司法机关的决定持合理异议也可以对立法机关的决定持合理异议，那么在不确定的情形下，我们应该授予哪个机关保护我们基本权利的权力呢？[46]

主张对权利进行宪法保护的人认为，法院是解决涉及权利范围和适用中不确定性的最佳机构。不能相信民选机构可以承担权利保护的责任，因为它们更倾向于保护那些大众的、受到更多关注的和获利多的利益，而人权问题却常常需要保护少数人的、关注度低和缺少资金支持的事项。法院作为保护权利的最佳机构，恰恰是因为人权的产生旨在保护少数人群免受民主体制中固有的多数人的暴政。[47] 此外，法院更有可能在有关权利

〔46〕 See, Perry, above n 33, at 645 – 51.
〔47〕 Ibid, at 654 – 5.

范围及其适用问题上得到最佳答案。通过适用普通法推理模式检视社会中的固有原则,可以权衡其相对强度和适用情形。法院的独立性和其接受的法律训练使其非常适合捍卫那些蕴含于基本权利中的法律原则。[48]

对英国宪法性权利保护理论提供的最精细的分析可在特雷弗·艾伦的著作中找到。艾伦认为,要解决基本权利的解释和
108 适用的冲突,就要检视支撑一个特定社会的原则。通过分析这些原则,我们将知道怎样解决这些冲突。而普通法就是解决这些问题所需要的那类公共推理模式的典范。为了在法庭上胜诉,律师必须迎合该特定社会的正义观和公益观,胜诉与否取决于其道德和智识优势。因此,在法庭进行的辩论更有可能找到有关权利适用问题的最佳答案。[49]

除此以外,艾伦还认为,普通法推理是特定职业共同体的一

〔48〕 See, eg J Jowell, ‘Beyond *Wednesbury*: Substantive Principles of Administrative Law’ [1987] *Public Law* 368; J Jowell, ‘Of Vires and Vacuums: the Constitutional Context of Judicial Review’ [1999] *Public Law* 448, 451 – 6; J Laws, ‘Is the High Court the Guardian of Fundamental Constitutional Rights?’ [1993] *Public Law* 59; J Laws, ‘Law and Democracy’, above n 33, at 72, 76 – 9; J Laws, ‘The Limitations of Human Rights’ [1998] *Public Law* 254, 256 – 57. See also Loughlin, above n 33, at 207 – 8.

〔49〕 TRS Allan, *Constitutional Justice: a Liberal Theory of the Rule of Law* (Oxford, Oxford University Press, 2001) 289 – 90.

种表达方式。先例原则保证了法院可以通过先前对权利的认定,对一般权利及其具体适用进行分析,以决定其应怎样被适用于待决案件中。在此意义上,他认为,法律推理是一种道德推理,法律原则就是道德原则经过筛选进入法律系统中,成为法律所认可的权利。[50] 所以司法推理应优先于议会立法。立法是妥协和谈判的结果,它虽然建立了一般的权利体系,但并未对其具体适用情形给出清晰的指导。而普通法推理能够以更清晰和深刻的方式,保证权利的具体适用与特定共同体的基本原则和他们特定的公益观保持一致。[51] 因此,授予司法机构对权利进行权威判定的权力有利于促进权利的确定性和稳定性。[52]

对于认为法院有权决定权利范围的观点可以提出两点异议。第一,从事实角度来看,认为法院最有利于保护少数人利益的观点是不确切的。例如,图什纳特(Tushnet)就认为,法院保护的是多数人而不是少数人的利益,因此未能为基本权利提供充分的保

---

〔50〕 Ibid, at 291 –2.

〔51〕 Ibid, at 292 –4.

〔52〕 L Alexander and F Schauer, 'On Extra-Judicial Constitutional Interpretation' (1997) 110 *Harvard Law Review* 1359 and L Alexander and F Schauer, 'Defending Judicial Supremacy: A Reply' (2000) 17 *Constitutional Comment* 455.

护。[53] 尽管他的分析是基于美国法院的权利保护模式，但很多研究英国法院人权保护实践的学者也赞同这一结论。[54] 图什纳特进一步提出，立法者能够做到像法院一样保护基本权利。由于立法机关往往由一些之前做过律师的成员组成，这些立法者具备了
109 相关的保护权利的专业性。[55] 另外，他还批评那些认为立法者由于政治上不会获益而不会保护人权的观点。如果立法机关是社会的组成部分，而社会希望促进人权发展，那么除非立法机关致力于保障人权，否则将很难保证其获得选民的接受。因此，认为立法机关没有意愿保护人权在事实上可能是不准确的。[56]

从事实准确性角度进一步来看，对授权司法机关解决权利争议的批评，则聚焦于这样做会对民主和人权的目标产生负面影响，弱化民主，导致政策扭曲。[57] 立法机关可能无视与基本

---

〔53〕 M Tushnet, *Taking the Constitution Away from the Courts* (Princeton NJ, Princeton University Press, 1999) ch 6.

〔54〕 See, eg KD Ewing, 'The Human Rights Act and Parliamentary Democracy' (1999) 62 *Modern Law Review* 79; KD Ewing, 'The Futility of the Human Rights Act' [2004] *Public Law* 829 and Gearty, above n 41.

〔55〕 Tushnet, above n 53, at 62.

〔56〕 Ibid, at 66 – 7.

〔57〕 M Tushnet, 'Policy Distortion and Democratic Debilitation: Comparative Illumination of the Counter-Majoritarian Difficulty' (1995 – 96) 94 *Michigan Law Review* 245.

权利范围相关的问题,变得对那些由法院解决的问题无动于衷。随之而来的是,支持“草根”政治运动的资金将会转向支持法律行动,从而损害人们的政治参与性。另外,法院在解释权利的宪法保护含义中发展出的行业术语,也可能造成对非律师群体的排斥,其中包括立法机关,使他们不能有效参与到关于人权范围的讨论之中。这都会使权利享有者认为他们对自身权利保护不再承担责任,从而造成一种普遍的冷漠态度。[58] 此外,法院的审判过程是两造对立的,注重平衡双方当事人对立的立场以决定哪一方应在该特定案件中获胜。但这一过程可能损害宽容和共同体的价值,引发极端权利主义和分裂思想。[59] 仅仅为了轻松避开可能的司法审查,立法机关制定与其理想背道而驰的政策,将会导致政策扭曲。在法院已经发展出关于宪法权利的范围及其适用的清晰指示,而立法机关在立法时需要将这些指示纳入考量时,这种情形常常发生。相比于衡量赞成与反对追求某特定政策的立法意见,立法机关往往对法院的可能反应有太

---

〔58〕 J Goldsworthy, ‘Judicial Review, Legislative Override and Democracy’ (2003) 38 *Wake Forest Law Review* 451, 459 – 62.

〔59〕 Ibid, at 462 – 3.

多顾虑,从而选择一条遇到抵抗最少的道路。[60]

第二,挑战在于对于可争议性权利的范围和适用来说,究竟是司法机关还是立法机关更有可能作出正确的判断,取决于运用事实证据进行分析的能力。沃尔德伦认为,权利具有争议的本质,因而不可能就权利的范围和适用在相对能力不同的机构之间,作出谁更能给出正确答案的断定。谁能给出答案需要具有就特定问题知晓正确答案的能力。只有这一条件得以确定,
110 我们才能在两个不同机构之间进行衡量,断定哪个机构可以作出正确的答案。但是,由于权利是具有争议性的,对公约权利的范围和适用存在不同意见则是合理的。因此,要断定哪一个机构更容易作出正确答案是不可能的。[61]

沃尔德伦进一步指出,至于哪个机构最适合对权利范围和适用作出权威决定,任何断定都至少是间接依赖于某种权利理论的。然而,权利理论本身也是具有争议的。比如,艾伦就认为,司法机关更适合决定权利问题,因为司法机关所使用的普通法推理原则,较之于立法机关的推理过程更适合决定这些事项。普通法的决策过程建立在特定政治社会对特定公益观念的道德

〔60〕 Tushnet, above n 57, at 250 – 75.

〔61〕 Tushnet, above n 57, at 245.

和理论说服力之上。艾伦得出这样的结论也是因为他持有的权利理论。艾伦认为,为了保证基于公民平等的法治,要求在给予公民区别对待时必须基于公益观念。每一个政治社会都会从其奠基的基本原则中得到一个更明确的公益观,而随着先例的发展,这些原则也会随着时间不断演化。正是这样一种权利观念,使艾伦认为法院更适合决定个人权利的本质。

如果我们不同意艾伦的个人权利观,也可能不同意他关于哪个机构更适合对权利问题作出权威决定的主张。例如,如果我们认为人权只是一种政治主张,那么我们就会把立法机关视为比司法机关更适合就个人权利作出权威性判断的机构。分析立法机关和司法机关在解决权利问题上相对制度价值的理论,被沃尔德伦称为“权利工具主义”(rights-instrumentalist)。[62]他认为权利工具主义未能提供一种关于权威的有效理论。权利工具主义寻求权利最佳理论的解决办法,以便赋予这一机构作出权威性决定的权力,而这一决定则能够对特定权利的范围和适用作出最佳结论。但是除非权利理论是具有争议性的,否则也没有必要决定哪个特定机构能够对权利问题作出权威性

〔62〕 Waldron, above n 45, at 252.

决定。[63]

沃尔德伦转而就权威问题给出了一种基于不同权利基础的解决方式,即他所谓的"众权利中的权利"(rights of rights)——参与权(the right to participation)。[64] 他认为关于权利本质的观点分歧应由持有不同意见的主体来决定。个人作为权利的享
111 有者,正是受到权利本质不同意见影响的人。因此,他们应该参与到对人权范围和适用的决定中来。另外,沃尔德伦认为,人权观念本身就包含把个人当作一个进行道德慎思的思考单位。[65] 沃尔德伦进一步从自然权利和人权理论中获得理论依据,基于人的属性把每个人视为有能力自己决定权利的本质。[66] 这至少为权利的享有者是权利的合适决定者的论点提供了初步证明。这也是对权利享有者作出决定能力的尊重,这种能力在赋予权利享有者基本权利之初就已经当然具有了。因此,适合就权利范畴和适用作出权威性决定的机关是立法机关,它们是对大多数权利享有者负责的机构。

---

[63] Ibid, at 252 – 54.

[64] Ibid, ch 11.

[65] Ibid, ch 10 and Waldron, above n 32.

[66] Waldron, above n 45, at 250 – 51.

针对沃尔德伦关于权利工具主义的批评,拉兹(Raz)认为无须讨论权利理论的可争议性,就可以决定是立法机关还是司法机关更适合作出权威性决定。拉兹举了两个例子:一是基于证据,即某个机关在作出有关权利决定时,是否会尽力确定人们享有什么权利;二是根据那个机构是不是作出决定的最佳机构来决定,这个机构所作的决定不得依据那些已知会影响作出判定的因素,如关于机构会偏袒或反对某些特定利益的因素。上述关于法院还是议会能更好地就权利本质作出决定的争论就属于这种类型。法院根据诉争双方向法院提供的证据作出判断,参照先前的案件来决定在审特定案件的法律结果。而议会决定的事项具有普遍适用性,根据新的情势变化给出解决方案。这些特征解释了为什么法院比立法机关更适合决定个人应享有什么权利,保证特定权利不会被一般性法律条款所忽视或减损,也解释了法院如何能够保护长久存在的人权原则免于立法机关的侵犯。立法机关根据多数决原则作决定,在这一过程中,少数群体很难找到足够的支持来有效参与政治过程。相比而言,少数群体更容易进入司法救济程序中。因此,法院比立法机关更能倾听和回应少数群体的诉求。[67]

112 沃尔德伦对拉兹的理论也进行了批评,他认为拉兹提出的这种方法需要对权利的本质进行分析。[68] 例如,认为司法机关更适合承担保护权利职责的观点,因为基于一般性原则作出逻辑推论,并适用于具体事实,对法院而言更有可能是正确的。但是,这一论点若是把权利视为来自道德原则,那么可能更为准确;如果把权利作为政治诉求,这一论点就不准确了,因为政治诉求只能通过政治妥协得以解决。

这场关于权利是否应受宪法保护的辩论,讨论的是权利与民主何者应被置于优先地位的问题。权利保护的民主对话模式则以一种不同的方式平衡权利和民主。尤为特别的是,民主对话被认为能弥补宪法性权利保护模式的反民主缺陷,给予立法机关应对法院对权利问题的裁判的机会。在下一部分中,我们将分析权利保护的民主对话模式如何实现这种平衡,并阐述《人权法》在何种意义上可以被视为提供了一种权利保护的民主对话模式。

---

〔67〕 J Raz, 'Disagreement in Politics' (1998) 43 *American Journal of Jurisprudence* 25. See also: A Kavanagh, 'Participation and Judicial Review: A Reply to Jeremy Waldron' 22 *Law and Philosophy* 451,466 -7.

〔68〕 Waldron, above n 32, at 253 -4.

第三节　民主对话

《加拿大基本权利和自由宪章》被认作开创权利保护民主对话模式的典范。该宪章允许法院推翻不符合宪章的法律。但同时，该宪章第 33 条和第 1 条也允许议会可以回应或修改司法机关的决定。该宪章第 33 条规定了立法机关的优先权。立法者可以通过添加一条明确规定使法律生效，而无须顾及宪章中的权利规定。立法机关通过再次立法，将条文纳入但书条款之中，以回应法院认定立法为违宪立法的裁决。但这种条款只能在 5 年之内有效。[69] 该宪章第 1 条则允许议会限缩宪章条款的适用，即宣告宪章权利受制于“自由民主的社会明确认可的、为法律所规定的合理限制”。这使立法机关可以通过修改法律来回应法院的裁决，就宪章权利的合理限制进行民主对话，以促进自由民主社会中其他目标的实现。通过允许立法机关修改法

〔69〕 PW Hogg and AA Bushell, ‘The Charter Dialogue between Courts and Legislatures (or perhaps the *Charter of Rights* isn't such a bad thing after all)’ (1997) 35 *Osgoode Hall Law Journal* 75, 83 – 4.

律对法院裁决作出回应,促进法院和立法机关在宪章权利和维系民主社会必需的其他权利和其他目标之间实现正确的平衡,达成共识。[70]

113 《加拿大基本权利和自由宪章》的两大特点是我们在讨论民主对话模式时最常提到的。霍格(Hogg)和布谢尔(Bushell)还提到了另外两项规定:宪章中附条件权利(the qualified rights)规定和平等权,与第 1 条规定的方法相似,[71] 都是对民主对话的促进。平等权只要求相似情况下的个人被平等对待,而立法机关则可以决定这种平等如何具体实现。例如,一项法律规定了女性退休年龄低于男性退休年龄将违背平等原则,是对男性和女性的歧视性对待,而平等权要求男女退休年龄相同。实现这一目标既可让男性根据目前的女性退休年龄提前退休,或者让女性按照目前的男性退休年龄延迟退休,又可以选择一个完全不同的退休年龄。立法机关就年龄设定拥有选择权,它只需要确保男女退休年龄相同即可。立法机关由此回应法院关于平等问题的裁决。[72]

---

〔70〕 Ibid, at 84 – 7.

〔71〕 Ibid, at 87 – 90.

〔72〕 Ibid, at 87 – 92.

根据这样的分析,1998 年《人权法》规定的权利保护民主对话模式就易于理解了。该法第 14(1)(b)条授权内政大臣作出指令,削减公约条款的效力,只要贵族院和平民院在其指令作出的 40 日内,共同予以批准即可。[73] 减损指令的有效期为 5 年,[74] 并可以续签 5 年。[75] 内政大臣需要对减损指令进行审查,就该指令是否需要在最初的 5 年之外继续延期向议会提交报告。这与《加拿大基本权利和自由宪章》第 33 条的但书条款具有相似目的,可以促成法院和立法机关之间的对话,因为法院可以对减损指令进行司法审查,从而促使议会通过回应法院判决进入民主对话中。[76] 《欧洲人权公约》第 8 条至第 11 条中的附条件权利条款,也以类似于《加拿大基本权利和自由宪章》第 1 条和其中附条件权利条款的方式,促进了民主对话的形成。

《人权法》第 3 条和第 4 条同样能促成民主对话。当法院

---

〔73〕 Human Rights Act 1998 s 16(3) and s 16(5).

〔74〕 Human Rights Act 1998 s 16(1)(b).

〔75〕 Human Rights Act 1998 s 16(2).

〔76〕 参见 A 及其他人诉内政大臣案;X 及其他人诉内政大臣案 68,贵族院推翻了 1998 年《人权法》(指定克减)S1 2001/3644 号令(2001 年)。内政大臣对贵族院裁决的回应声明,参见 Hansand HC vol 428, col 151 WS(16 December 2004)。

使用第 3 条将法律解释为与公约权利相符合时，立法机关则有
114 权通过制定与公约权利不一致的法律作出回应。当法院使用《人权法》第 4 条宣告该制定法与公约权利不符时，立法机关则能通过修改该条款或者拒绝修改，对此作出回应。立法机关并不负有修改制定法条款的法律义务，因而可以根据其政治意志作出回应，这也保证了司法机关不能推翻立法机关所代表的人民意志。[77]

第四节 结 语

戴雪认为，持续性议会立法至上既是一个法律原则，也是一个政治原则。从政治理论角度来看，持续性议会立法至上原则因坚守民主而有正当性，但同时应承认法院需要通过解释法律，

---

〔77〕 See, R Clayton, 'Judicial Deference and "Democratic Dialogue": the Legitimacy of Judicial Intervention under the Human Rights Act 1998' [2004] *Public Law* 33 and T Hickman, 'Constitutional Dialogue, Constitutional Theories and the Human Rights Act 1998' [2005] *Public Law* 306. Waldron also refers to the Human Rights Act as a model of democratic dialogue; J Waldron, 'Some Models of Dialogue between Judges and Legislators' (2004) 23 *Supreme Court Law Review* (2d) 7, 33 – 4.

以保证人权免受无意中的立法侵犯。《人权法》以相同方式受到同样的保障,不是因为它以人权保护为目的就不会与持续性议会立法至上原则相抵触,而是因为该法寻求对权利的这种保护对坚守民主也是至关重要的。

即使我们意识到《人权法》可以被理解为提供了一种人权保护的民主对话模式,但这一点本身并不足以证明这种权利保护形式的正当性。首先,对权利保护的民主对话模式仍需进行深入分析,分析其如何平衡民主与基本权利保护之目的。其次,既然建立起了这种民主对话模式,我们便需要探究法院如何运用《人权法》第 3 条和第 4 条之规定保证立法机关与法院之间的对话以正确方式展开。在之后的两章中我们将讨论这些问题。

115 第五章　民主对话与 1998 年《人权法》

前一章已经得出结论:1998 年《人权法》为人权保护提供一种民主对话模式,具有正当性。因为它旨在平衡民主价值与人权保护两者间的此消彼长关系。人权保护的对话模式并不会伤害民主价值:当立法机关有意愿时,这一模式能够使立法机关对司法机关的裁决作出回应,民主机构从而可以否决或修改法院裁决。

在《加拿大基本权利和自由宪章》中,也存在这种保护人权的民主对话模式,但加拿大保护人权的方式与《人权法》保护人权的方式不同。加拿大司法机关有权推翻违反该宪章基本权利的立法,立法机关可以根据该宪章第 33 条中的但书条款,再行使立法权,对司法机关推翻其立法的决定作出回应。但在英国,司法机关并不拥有推翻立法的权力,它只能解读和实施法律条款,使法律在最大限度上保证与公约权利一致,或者仅仅宣布其与公约权利不一致。这些不同之处使我们为《人权法》辩护的努力受到了质疑,正如有人批评《加拿大基本权利和自由宪章》中的民主对话模式为反民主那样。[1]

本章将探讨民主对话的权利保护模式,是否可以在权利保 116
护和坚守民主价值之间提供一种正当的平衡。我认为《人权法》本身即一种民主对话模式,我将聚焦于议会和法院在保护人权时的相对优势和劣势来进行分析。

〔1〕 See, eg M Perry, 'Protecting Human Rights in a Democracy: What Role for the Courts?' (2003) 38 *Wake Forest Law Review* 635; M Tushnet, 'New forms of Judicial Review and the Persistence of Rights—and Democracy-based Worries' (2003) 38 *Wake Forest Law Review* 813; B Friedman, 'Dialogue and Judicial Review' (1993) 91 *Michigan Law Review* 577; J Waldron, 'Some Models of Dialogue between Judges and Legislators' (2004) 23 *Supreme Court Law Review* (2d) 7; K Roach, 'Constitutional and Common Law Dialogues between the Supreme Court and Canadian Legislatures' 80 (2001) *Canadian Bar Review* 481; K Roach, 'Dialogue, Judicial Review and its Critics' (2004) 23 *Supreme Court Law Review* (2d) 49; L Tremblay, 'The Legitimacy of Judicial Review: the Limits of Dialogue between Courts and Legislatures' (2005) 3 *International Journal of Constitutional Law* 617; J Goldsworthy, 'Judicial Review, Legislative Override and Democracy' (2003) 38 *Wake Forest Law Review* 451; PW Hogg and AA Bushell, 'The Charter Dialogue between Courts and Legislatures (or perhaps the Charter of Rights isn't such a bad thing after all)' (1997) 35 *Osgoode Hall Law Journal* 75; CP Manfredi and JB Kelly, 'Six Forms of Dialogue: a Response to Hogg and Bushell' (1999) 37 *Osgoode Hall Law Journal* 513; PW Hogg and AA Thornton, 'Reply to "Six Degrees of Dialogue"' (1999) 37 *Osgoode Hall Law Journal* 529.

本章将论证立法机关可能无法意识到,其一般性措施会在某些特定情况下对个人权利造成限制,分析立法将挑战或削弱那些法律体系中长久存在的权利。此外,立法机关的民主本身也意味着它可能无法充分保障少数人的权利。但本章并不主张法院在认为立法机关出现错误之时拥有推翻立法机关决定的权力,也不赞同当法院认定立法机关侵犯人权时总能发挥纠正功能。相反,更合理的说法是,法院仅在涉及无可争议的权利问题时才发挥纠正功能。

为了分析这一论点,我们首先需要解释权利保障的民主对话模式的含义是什么,而《人权法》中的民主对话模式又有什么特色。只有如此,我们才能探究这些模式如何在民主与人权之间实现有效平衡。

117 第一节 对话模式

"民主对话"的含义看上去似乎经不起推敲。这一词语源于霍格和布谢尔[如今还有桑顿(Thornton)]具有深远影响的著述,他们认为,"对话"会发生于"司法判决可以被立法机关推翻、修改或避开(reversal, modification or avoidance)”的情形下。[2]

因此,我们得出《人权法》含有一种人权保护的民主对话模式。根据《人权法》第3条和第4条的规定,司法裁决能被立法机关“推翻、修改或避开”。如果立法机关不同意司法机关根据第3条作出的解释,那么立法机关就有机会通过立法来确保其观点更胜一筹。如果司法机关行使第4条赋予的权力,即使其宣告有关立法与公约权利不一致,该项立法仍会继续存在,具有合法性和法律效力。既然立法机关有立法的机会,那么它就可以使有关立法与公约一致,并在这一过程中,有权不赞同法院认定立法需要修改,以确保与公约权利一致的结论。

权利保障的民主对话模式看似简单,但其含义需要进一步澄清。首先,民主对话是机构间的,即在司法机关与立法机关之间进行。因此,譬如,法院内部诉讼主体之间讨论他们的案子,以及法官们在各自作出裁判之前相互讨论案件的结果,这种对话模式不是我们所指的民主对话模式。[3] 因为这样的讨论是机构内部而非机构间的对话。民主对话也不是指司法机关成员

---

〔2〕 Hogg and Bushell, ibid, at 79.

〔3〕 Friedman above n 1, at 655 -6.

与立法机关成员之间的对话，那也不属于机构间的交流对话，如司法机关的成员撰写学术文章。[4]

其次，明确哪些机构参与了民主对话是十分重要的。《人权法》中蕴含的模式以及本书所考量的模式，是在司法机关与立法机关间进行交流的法律机制（legal mechanism）。有学者把立法机关和司法机关在政治领域的交流描述为民主对话。他们认识到这种对话很有价值，因为这种对话可能导致法律的改变或宪法的修改。[5] 从这个意义上来说，这种形式的民主对话也是为了保存民主价值，但采用的是政治机制而非法律机制。

再次，民主对话与尊重（deference）不同。[6] 这些概念当然

---

〔4〕 Waldron, above n 1, at 21 – 5. 但是，它可被视为民主对话的示例之一或被用于作为不同模式下权利保护的对话式解释的一部分。

〔5〕 Friedman, above n 1, at 653 – 80.

〔6〕 詹姆斯·B. 泰耶（James B Thayer）是最早提出当立法与宪法保护的人权相悖时，司法机关行使推翻该立法的权力应秉持尊重原则的提倡者之一。泰耶提倡对宪法权利的极小主义解释，并认为只有在有关法律的合宪性问题存在明显错误时，法院才能推翻该立法，即“该错误是如此明显、毋庸置疑”。通过要求法院以这种方式来行使权力，民主价值得以保存，因为法院在解释开放性的、受宪法保护的人权问题时，要尊重立法机关的意见。See, JB Thayer, ‘The Origin and Scope of the American Doctrine of Constitutional Law’ (1893 – 4) 7 *Harvard Law Review* 129, 144. The relationship between deference and dialogue will be discussed further in ch 6, pp 145 – 6.

是彼此关联的，因为它们都旨在减少对权利的过度保护会破坏民主这种批评意见。但它们的差异在于实现这一目标的方式不同。民主对话模式通过限制司法机关的权力，给予立法机关回应司法裁决的法律手段来实现这一目标。尊重并不修改授予司法机关的权力，而是提倡司法机关应以克制的态度行使权力以保存民主的价值。[7]

最后，我们应在交谈式对话（dialogue as conversation）与协 118
商式对话（dialogue as deliberation）之间作出区分。[8] 交谈式对话是非正式的、自发的，除“探索或创造一个共同的世界和意义体系，学习他人的新知识或发现新观点”[9]之外，没有其他的实践目的。协商式对话则更加正式、自发性更少，并具有“特定的共同实践目的”。[10] 例如：

---

〔7〕 关于英国行政法中尊重原则的适用的讨论，可参见 M Hunt, ‘Sovereignty’s Blight: Why Contemporary Public Law needs the Concept of “Due Deference”’ in N Bamforth and P Leyland (eds), *Public Law in a Multi-layered Constitution* (Oxford, Hart Publishing, 2003) 337。For a critique, see TRS Allan, ‘Human Rights and Judicial Review: a Critique of “Due Deference”’ (2006) 65 *Cambridge Law Journal* 671.

〔8〕 Tremblay, above n 1.

〔9〕 Ibid, at 630.

〔10〕 Ibid, at 631.

> 旨在做出共同决策；达成协议；集体解决问题或冲突；共同决定哪种观点或命题是正确的、最正当的或最好的；应以何种特定实践观来控制其行动或决定。[11]

权利保护的民主对话模式要求采取协商式对话。民主对话的特定目的是，提供一种不会伤害民主的权利保护模式。实现这一目标，需要就人权保护的范围和程度以及在特定情形下的权利保护强度，通过对话，得出结论。促进权利保护民主对话模式的法律条款，同时为对话提供了一种正式的框架。[12]

---

〔11〕 Ibid. 两个学者之间关于民主对话条款之相对价值的讨论就是交谈式对话的一个例证。除了解他人的观点或者发现关于宪法如何或应该如何保护人权的新观点之外，这种对话并不存在其他实际目的。而在学院的会议上讨论是否将民主对话理论纳入宪法学课程大纲就可以被视为协商式对话的一个示例。其中存在非正式的规则，即这一讨论的目的就是实现一个实际的效果，即达成一致并据此决定采取什么行动。

〔12〕 这一结论为特伦布莱（Tremblay）所同意，尽管他提出的理由并不同于本章中提到的这些观点。Ibid, at 632.

第二节　民主对话的正当性 119

霍格和布谢尔提出了一种实用性的解释，来说明对话模式如何能减少权利的宪法保护是非民主的指责：由于立法机关有机会对法院推翻其违背人权立法的裁决进行修改或修正，所以民主得以坚守。但他们的解释也受到了批评：他们没有明确立法机关应于何时和以何种方式对司法裁决作出回应，也没有对司法机关应该如何回应立法机关的问题提供足够的指导。缺乏这类指导不仅会影响民主对话实现其目标的方式，而且会进一步造成其他的实际困难。

一、实际困难

如果民主对话以错误的方式展开，那么可能无法在权利与民主之间实现有效的平衡。尽管立法机关有作出回应的机会，但由于相信司法机关更有权威就权利问题作出断定，那么民主对话模式可能无法真正保障民主。这可能引发政策扭曲，因为立法机关将为了迎合法院裁决而调适自己的立法，而非就公约权利的范围和适用给出自己的结论。[13] 如果法院认为立法机关有更高的权威决定政治权利的范围而自我克制,那么民主对话也可能难以实现权利保护。因为法院将寻求妥协,寻求以不激扰立法机关作出反应的方式来保护权利。[14]

由于对立法机关和法院如何行使权力缺少明确的指导,图什纳特认为民主对话模式是不稳定的。他认为,《人权法》中的民主对话模式将沦陷于议会主权体系之中,[15]或者有再生为强司法审查模式的危险。[16] 对于《人权法》来说,后一种结果尤其可能,因为当宣告存在与《欧洲人权公约》不一致情形时,案件还会涉及欧洲人权法院。因为有不一致声明,便会使欧洲人权法院在此情形下难以断定公约权利是否遭到违反,从而对英国科以一种国际法的责任,要求其修改法律以保障公约权利。[17]

关于《人权法》第 3 条和第 4 条应该以什么方式解释,学术

---

〔13〕 See, Manfredi and Kelly, above n 1.

〔14〕 See, J Cameron, 'Dialogue and Hierarchy in Charter Interpretation: A Comment on R v Mills' (2001) 38 *Alberta Law Review* 1051.

〔15〕 这种情形出现在如果法院将第 3 条解释为没有增加其在《人权法》颁布前就存在的解释权,并且议会对法院根据第 4 条做出的不一致声明经常并持续地不作出回应时。

〔16〕 这种情形出现在法院每次做出不一致声明后,立法机关并不认为其有义务通过修改立法来回应法院的决定时。

〔17〕 Tushnet, above n 1.

评论中常有争议。支持对公约权利的强保护模式者提倡宽泛适用第3条,强化法院保护公约权利的能力。例如,加文·菲利普森辩称,《人权法》第3(1)条应该以一种自我参注的方式(a self referential manner)进行解释。对第3(1)条的规定范围应以与公约权利保持最大一致性的方式得到解释和适用,相应地,法院应该尽可能经常适用第3(1)条,以保证对公约权利的最大保护。[18] 与之相反,克卢格(Klug)则提倡限缩适用第3条而更多 120
适用第4条,将后者视作促进立法机关与司法机关之间对话的首要手段。强化议会(有机会决定是否以及如何回应不一致声明)的权力,将会促使围绕如何实现公约权利保护和其他社会目标价值之平衡的民主辩论更加活跃。[19]

我们认为,为了保证权利保护的民主对话模式得以存续,并实现在民主和权利之间的有效平衡,必须警惕立法机关和法院之间的权力不平等。这个结论得到了希克曼和罗奇(Roach)的

〔18〕 G Phillipson, '(Mis)representing section 3 of the Human Rights Act 1998' (2003)119 *Law Quarterly Review* 183,187.

〔19〕 F Klug, 'Judicial Deference under the Human Rights Act 1998' [2003] *European Human Rights Law Review* 125,131.

支持。[20] 一种可能的解决方案是要求平均分配立法机关和法院的相对权力。由此,任何一方都不能获得超越对方权力的权力,从而有助于保持民主与权利保护之间的平衡。

实现这种平衡根植于"协作式宪政"(co-ordinate constitutionalism)。杰斐逊和麦迪逊都提倡"协作式宪政",并主张对美国宪法中的权利保护进行民主对话式的解释。他们的理论主张授予法院推翻违反宪法条款的普通法律的权力,但同时允许立法机关对法院的解释置之不理,从而免于形成宪法解释的司法至上主义。[21] 这似乎能解决由于立法机关赋予了法院过多的权力而面临的困境。

但这种路径的弊病在于它可能引发进一步的宪法问题。首先,与对话模式相反,它可能造成一系列的宪法危机。它不仅会从总体上削弱宪法的稳定性,而且会减弱以民主对话方式保护

---

〔20〕 T Hickman, 'Constitutional Dialogue, Constitutional Theories and the Human Rights Act 1998' [2005] *Public Law* 306 and K Roach, *The Supreme Court on Trial: Judicial Activism and Democratic Dialogue*(Toronto, Irwin Law, 2001).

〔21〕 Roach, ibid, at 490 – 93. Hickman refers to this as 'principle-posing dialogue', ibid, at 316.

权利的稳定性。[22] 此外，它还冲击了权力分立原则。权力分立原则不仅是将不同的权力分配给不同机构，而且要求这种分配是基于这些机构的不同特性。“协作式宪政”因此可能减损立 121
法机关和司法机关功能上的差异性。[23] 立法机关对司法决定的无视同样也会损害法治原则。[24]

因此，为民主对话辩护还需要做更多的工作，仅仅通过某个法律条款，授权立法机关回应司法机关的权利裁决，是不足以证明民主没有被削弱的。若要看到民主对话模式如何有效平衡民主与权利，我们需要在第四章论述的基础上分析支持和反对权利的宪法保护模式的观点。

二、寻找合适的平衡

为了确定民主对话如何实现民主和人权的有效平衡，我们需要回溯到关于法院在法律违背人权的情况下，是否有权宣布

---

〔22〕 Tremblay, above n 1, at 637. 绍尔和亚历山大认为对终局性的需求可以成为证成司法主权的理由。See, L Alexander and F Schauer, ‘On Extra-Judicial Constitutional Interpretation’ (1997) 110 *Harvard Law Review* 1359 and L Alexander and F Schauer, ‘Defending Judicial Supremacy: A Reply’ (2000) 17 *Constitutional Comment* 455.

〔23〕 Roach, above n 21, at 493; J Leclair, ‘Reflexions critiques au sujet de la métaphore du dialogue au droit constitutionnel canadian’ [2003] *Revue du Barreau* (*Numéro special*) 379.

〔24〕 Roach, ibid.

立法无效的问题上来。我们认为,这一争论围绕着两个不同问题展开。第一个问题是,民主还是权利保护应被置于优先地位?第二个问题则关系到如何判断哪个机构最适合就权利内容作出权威性的决定。我们既可以从过程也可以从结果角度来进行这种评判:一方面,在立法机关和法院之间,哪个机构可能就特定人权的范围和适用作出正确决定;另一方面,哪个机构确定法律权利内容的程序更正当。[25]

如果我们接受权利永远高于民主,那么,无论从结果还是程序上看,司法机关永远都最适合对人权范围和适用作出决定,因此,就不存在讨论民主对话的空间。同样,如果民主总是凌驾于权利保护之上,立法机关总被认为最适合对权利内容作出决定,那么这一讨论空间也不存在。权利保护的民主对话模式,只有在能够划出介于两种理论之间的中间地带,才能证明是正当的。

划定这一中间地带依赖于两个前提。第一,在某些情形下,权利应被视为比民主更重要,但没有重要到总是凌驾于民主价
122 值之上,也没有不重要到可以随时被立法所推翻。第二,根据具体情况,就立法机关还是司法机关对权利范围和适用问题更适

〔25〕 See discussion in ch 4, pp 103 – 112.

于作出权威性决定的问题作出判断必须是可能的。

当我们认可权利的价值和权利的可争议性时,这两个前提条件就得到了满足。如果我们认为权利是有价值的,权利超越民主就有正当理由。而如果我们认为权利具有可争议性,那么,在司法机关还是立法机关,就公约权利的范围和适用,更能够给出正确的答案这个问题上就可能无法得出确切结论。此外,还有一个要素同样必不可少。权利的可争议性不能被绝对化,以至于就人权的范围和适用问题,我们对立法机关还是法院谁更适合的问题无法得出结论。

三、民主对话潜在前提的正当性:杰里米·沃尔德伦

权利保护的民主对话模式具有正当性,其可能性基础之一来自沃尔德伦对权利的宪法保护的批评。沃尔德伦明确提出,他的理论并不怀疑人权的客观存在,却怀疑权利的范围是否可以被准确地划定出来。也就是说,他既主张权利具有客观价值,又认为权利具有可争议性。

沃尔德伦反对权利宪法保护的核心观点是建立于4个前提之上的。他认为,第一个前提是民主机构真正运行良好,可以为立法机构民主正当性的主张提供事实上的证明。第二个前提与之相似,即考虑到司法机关与立法机关相对,司法机关的制度正

当性也需要充分的事实证明，包括它有益于法治原则和充分的司法独立，以保障其以一种非代议制的方式作出决定。第三个前提则是在一个特定社会中，大多数成员和大部分官员都能相对致力于对少数人权利的保护。第四个前提则是在权利本质的问题上，存在规模相当的、真实的分歧。[26]

第三个和第四个前提具有特别的重要性。第三个前提表述了致力于权利保护的需要。第四个前提则解释了为什么权利保护并不总是凌驾于民主之上，以及为什么我们不能就立法机关
123 还是司法机关在人权范围和适用问题上哪一个机关可以作出权威判定给出一个终局答案。针对如何认定权利，既存在必要的共识，也存在必要的分歧。

沃尔德伦认为权利分歧可以通过 3 种途径表现出来：

1. 可能存在对权利哲学本质的不同意见。这些分歧关乎权利的本质及其认定。

2. 可能对抽象的权利原则如何运用到一般性立法条款中存在不同意见。例如，针对推动平等受教育权是否要求在立法中作出例外规定，以允许建立封闭性的宗教学校，可能存在不同

〔26〕 J Waldron, 'The Core of the Case against Judicial Review' (2006) 115 *Yale Law Journal* 1346, 1360.

意见。

3. 关于权利的分歧意见还可能在决定一般性权利条款如何适用于具体情形时产生。例如,我们要决定表达自由是否应受限制,以阻止那些可能鼓吹恐怖主义的言论,还是只有在言论煽动恐怖活动的情形时,才应当予以限制。[27]

四、共识、分歧和反堕胎案:一个例证

判例法可以显示出围绕人权的认定、范围和适用问题,共识与分歧并存的可能性。上诉法院和贵族院之间在R(反堕胎联盟)诉英国广播公司案(以下简称反堕胎案)中的分歧就是这样一个例子。[28] 反堕胎案涉及英国广播公司做出的一个决定,英国广播公司拒绝播放反堕胎联盟的政党竞选视频,因为该视频中含有流产的胎儿画面。英国广播公司认为,播出该影像资料将违反1990年《广播法》第6(1)(a)条规定的义务,即不能播出含品味低俗内容的资料。

该案充分证明了在权利问题上存在的共识,因为所有的判

〔27〕 Ibid, at 1366 – 7.

〔28〕 [2002] EWCA Civ 297, [2002] 3 WLR 1080 (CA) and [2003] UKHL 23, [2004] 1 AC 185 (HL).

决都肯定了言论自由的重要性，特别是政治言论自由的重要性。[29] 但是，司法机关间也存在分歧。依据对权利异议证据的分析，司法机关对该广播法禁止性条款有效性的分歧问题，至少已部分地转向了这些权利的范围及其适用于在审案件具体事实时的相对重要性问题了。[30]

124 上诉法院法官劳斯、西蒙·布朗(Simon Brown)和斯考特(Scott)法官特别注重本案涉及的政治言论背景。他们认为，对政治广播不应根据其品味和优雅与否进行审查，除非其传播的信息是错误的或不必要的耸人听闻。图片对反堕胎联盟传递政治信息特别重要，而且该图片实际上也并不耸人听闻，因此，对其中包含信息的审查将侵犯《欧洲人权公约》第 10 条规定的言论自由权这一公约权利。[31]

贵族院多数意见关注的是英国广播公司有不播放令人反感的视听资料以及预防使用这类图像会产生的聚集效应的义

---

〔29〕 Ibid, CA[36](Laws LJ), [56] – [59](Simon Brown LJ), ibid, HL[6](Lord Nicholls), [54](Lord Hoffmann) and [93], [97](Lord Scott).

〔30〕 另一个存在意见分歧的领域是有关法院的作用和法院在多大程度上应该审查英国广播公司的决定。

〔31〕 Above n 28, CA[39] – [45](Laws LJ), [57] – [63](Simon Brown LJ), HL[93] – [100](Lord Scott).

务。[32] 霍夫曼(Hoffmann)法官认为,这段广播和政治言论之间仅存在相对较弱的联系,对这一单独事项的广播不会像政党针对更广泛的政策事项所做的政治广播一样,对选民投票产生那么大的影响。[33]

然而,权利保护的民主对话模式的正当性,不能仅仅停留在指出权利分歧与权利共识共存的事实上,它还要求用某种方式将两者区分开。这有助于我们决定,以反堕胎案为例,贵族院与上诉法院的意见不同是否合理。从这个角度看待民主对话模式,可以帮助我们识别立法机关或司法机关应如何行使其相对权力,以保证民主对话模式能够实现权利和民主之间的有效平衡,而不会造成一种不稳定状态,陷于是宪法保护权利,还是民主保护权利的争议中。

五、区分共识与分歧:人权适用的核心与适用外围

哈特提出的法律适用的核心和适用外围理论给出了一种可能的区分方式。众所周知,法律适用是权利的核心含义,而适用

〔32〕 Ibid, HL[12] – [15] (Lord Nicholls) and [68] (Lord Hoffmann).

〔33〕 Ibid.

外围则指向有争议性的权利内涵的边缘地带。[34]反堕胎案就提供了适用外围的例子,需要我们去讨论表达自由的范围及其在可能冒犯公众品味和礼貌的边缘性言论中的适用。这一点与该
125 案中的核心事项形成鲜明对比,即表达自由权是否包含政党就反对堕胎的特定事项进行政治广播的权利。

反堕胎案是上诉法院和贵族院间出现合理分歧的一个范例。如果立法机关不同意法院关于言论自由之范围和适用的结论,或者不同意法院处理权利保护与维护公众的道德敏感性间平衡关系的方式,那么立法机关对司法裁决作出回应具有正当性。

然而,哈特关于核心和适用外围的区分不能完全概括我们进行权利推理的方式。分歧不仅存在于权利适用的方式上,而且涉及权利本身的正当性问题。在反堕胎案中,表达自由权在适用于外围事项时产生的分歧不仅仅关乎司法适用的方式,而且关乎表达自由的正当性本身。论证表达自由权正当性的见解很多,包括通过表达自由,可以有助于发现真理,强化民主,增进言说者和接受者的自治,推进社会宽容,以及为社会提供一种非

〔34〕 HLA Hart, *The Concept of Law*, 2nd edn (Oxford, Oxford University Press, 1994) 119 and 141.

暴力的抗争方式,促进社会稳定。这些理论时而会生发出言论自由权不同的核心含义,时而会对权利的适用外围产生影响。

权利分歧的存在,既可能发生在权利适用的核心,也可能与适用外围事项有关。因此,当立法机关对法院的权利裁决作出修正回应时,这一区分不能作为一个手段,用来决定立法机关通过修改或修正法院对权利问题作出的正确裁定,而这种对法院裁定的回应,并不是立法机关行使民主权力的好范例,相反却是滥用立法权力,有损权利和民主有效平衡之错误一例。

六、共识与异议之间的区分:罗纳德·德沃金的简单与疑难案件理论

另一种可以指引立法机关和司法机关行使权力的区分,是德沃金对简单案件和疑难案件的划分。要了解德沃金如何得出这一区分,我们需要检视德沃金做的另一个理论区分,即法律主张(propositions of law)与法律依据(grounds of law)的区分。

法律主张是关于法律在具体情形下的要求,而法律依据则是用以证明法律主张的法律论证。例如,"在双黄线上停车是非法的"是一个法律主张。而其法律依据则是关于停车限制的 126
交通法规。对反堕胎案来说,法律主张是由贵族院多数作出的

结论,即英国广播公司可以合法禁止反堕胎联盟的政治广播。而该法律主张的法律依据则是《欧洲人权公约》第 10 条的内涵,这一制定法要求英国广播公司保证维护其听众的道德敏感性。

围绕法律主张的分歧不仅仅是经验性的(法庭审理的事实),也是理论上的分歧(关于法律依据的范围及其适用的不同意见)。同样地,关于立法是否与公约权利不一致的分歧也不仅仅是经验性的,更是理论上的分歧。这些争论既是对诉争事实的争议,也是对权利本质和内容的争议。[35] 简单案件就是那些法律主张清晰的案件,即使适用理论上不同的法律依据,任何合理的解释都会得出与该法律主张一样的结论。而疑难案件则指围绕法律主张不存在这种共识的案件。[36]

简单案件与疑难案件的分类,是我们关于权利推理方式的更优呈现。特别是与被普遍接受的权利利益理论相融合。以拉兹为例,他认为,当一个人通过将他人置于做某事的义务之下,而获得足够的利益时,我们就可以认为这个人享有某种权

---

〔35〕 R Dworkin, *Law's Empire* (London, Fontana, 1986) 3 – 6.

〔36〕 Ibid, at 266.

利。[37] 这一关于权利存在的判断在价值和义务之间找到了一个中间地带(类似于德沃金的法律“依据”理论)。不同价值会产生不同利益,从而为特定权利的存在提供多种辩护理由。而这些特定权利则构成了不同义务的基础(类似于德沃金的法律“主张”理论)。

将这一理论适用于反堕胎案,则可以得出以下结论:个人自治、真理和民主都是表达自由的基础价值,表达自由权能促进这些价值实现。反过来,表达自由权也创设了特别的义务,即加于国家身上的一种不得限制政治表达的义务,除非这种限制服务于其他的合法目的,且该限制不得超越为实现这些合法目的所需的程度。

对权利的这种解释,有助于我们理解为什么会出现权利共识和权利分歧共存的局面。权利的中间属性帮助我们形成共同的文化,使我们明白了在一个特定社会的权利法案之下,权利的法律保护为何可以达成共识。权利的中间属性,也解释了为什
么对权利的理解本身,并不能对特定立法是否与公约权利相悖 127
的问题给出清晰的答案。对这一问题的完整回答,需要我们分

〔37〕 J Raz, *The Morality of Freedom*(Oxford, Clarendon Press, 1986)166.

析支撑权利的那些价值问题,在这些价值之下,对立法是否违背公约权利产生分歧意见也是合理的。对权利之中间属性的认识越强化,围绕权利本质的分歧意见越可能减少。相应地,这项权利争议就会被归类为简单案件。反之,对权利的中间属性的认识越弱,越需要探究权利之下的价值问题,从而使该权利争议变成一个疑难案件。[38]

简单案件与疑难案件的划分本身并非绝对清晰,它依赖于判断法律主张的法官的专业性和阅历。[39] 尽管这一区分能帮助我们满足建立权利保护的民主对话模式所需要的前提条件,但它还不能为立法机关和司法机关如何行使他们的相对权力,实现民主与权利的正确平衡提供一条清晰的界线。尽管对民主对话的某些概念来说,这一问题是至关重要的,但民主对话模式仍然是最适合《人权法》的模式。另外,以这种方式开展我们的讨论能够提供足够的指导,以实现权利和民主的有效平衡。

---

〔38〕 Ibid, at 180 - 83.

〔39〕 Ibid, at 449, fn 14.

第三节　1998年《人权法》的正当性

至此，我们已经讨论了这些问题：如果我们认可有关权利的保护达成充分的共识是有价值的，而对权利的性质、权利的范围和具体适用的问题存在合理的分歧也是有价值的，那么权利保护的民主对话模式就具有正当性。我们也讨论了其中存在的实际问题，即当立法机关行使其法律权力修改权利问题的司法裁决时，如果没有以正确方式展开民主对话，就需要在实践中找到一条清晰的界线，以保证权利和民主之间的有效平衡。

本节将通过权利宪法保护的正当性之间的联系，来说明不同的民主对话模式。通过对立法机关和法院不同机构属性的考量，我将提出最适合《人权法》的模式：这一模式既能够克服为民主对话辩护时的诸多实际困难，也可以解决由于难以清楚划分简单案件和复杂案件所造成的问题。

一、民主对话的正当性 128

首先，民主对话理论应该可以补充这样的观点：由民主代议机构制定的宪法性文件处于优先地位。这些宪法性文件通过授予司法机关推翻违背人权要求的普通立法,同时承认这些包含人权条款的宪法性文件有一个民主来源,以实现民主和权利的平衡。但批评者认为,这种保护不过是让一个旧的民选机构的意愿压倒了新的民选机构的意愿。

民主对话理论可以回应这一批评。通过允许立法机关对司法机关的裁定作出回应,可以为立法机关提供机会,在事关人权范围和适用问题上取代老一代民主立法机构作出的决定,并遵循最新组成的民主立法机构的结论。另外,民主对话模式还可以免受以下理论批评。例如,有观点认为,由于权利的宪法保护是以非常模糊的语词表述的,因此赋予司法机关推翻立法的权力,相当于赋予司法机关以自己的裁决取代立法机关决定的权力。这是因为法院对宪法性文件进行的解释既不能反映立宪者的原意,也不能反映当前的民主立法机构的意见。而民主对话模式使立法机关能通过修改其认为与选民意志不相符的那些司法裁决,重新确立民主与权利之间的平衡。

民主对话正当性的另外两点以不同方式回应了由于权利的可争议性而对权利的宪法保护造成的挑战。其中,民主对话正当性的第二点在于,认为对话是找到关于人权范围和适用正确答案的方法。而民主对话正当性的第三点则认为对话是解决权利争议更正当的程序，这一点并不要求民主对话一定要找到正确答案，而是基于对程序进行正当性评估，在面对有争议性的权利问题时，针对人权法范围和适用得出可证成的结论。

二、民主对话正当性对《人权法》的适用

对《人权法》的最优解释结合了民主对话模式的第二点和第三点正当性。它要求我们对立法机关和司法机关的机构特征进行检视，以决定：(1)立法机关和司法机关哪一个更可能就人权范围和适用得出正确答案；(2)是否能以更正当的程序得出 129
这一结论。

《人权法》并没有赋予人权或任何包含这些权利的文件以优先性。相反，其保留了议会主权原则，所以司法裁判不能推翻违背人权的立法。议会具有终极性的权威去决定具体法律是否应被修改，议会可以审阅法案以保证其与公约权利一致，划定公约权利的内容，并有权以默示或明示的方式废止《人权法》中的条款。

因此，民主对话理论的第一点正当性论证并不适用于《人权法》中的条款。在该论证中还存在难点。如果为了确保立法机关仅在维持民主和权利的有效平衡时才会采取行动，就需要清楚地划分针对公约权利是否存在充分共识的情形。根据第一点,只有立法机关确认自己在修正已经过时的公约权利解释时,才可以干涉司法机关的裁决。但是由于在简单案件和复杂案件之间很难划出一条清晰的界线,这往往会造成不稳定的局面。

而第二点和第三点的正当性论述则可能适用于《人权法》,因为它们并不依赖于存在某个记载了公民权利的文件可以推翻普通法律。我们再来看看,《人权法》建立了两种不同形式的民主对话。第一种,立法机关有权通过制定不同的条款,回应法院根据《人权法》第 3 条的规定行使权力的方式。第二种,立法机关有权根据《人权法》第 4 条的规定,回应法院作出的公约不一致宣告。立法机关既可以赞同法院的不一致宣告,并通过修改其条款来保证公约一致性,也可以不同意法院的裁决,而维持法律原状。这种分歧意见可能出现在立法机关对公约权利的范围和适用有不同意见时,也可能出现在由于立法机关不同意法院没有正当理由抵触公约权利的裁决时。

此外,第 3 条和第 4 条赋予了立法机关和法院不同程度的相对权力。在第 3 条中权力的平衡更有利于法院。法院有能力为权利保护提供救济。如果立法机关要修改司法裁决,那么立法机关就要制定与司法机关的解释不同的法律。第4条则在权力平衡中更有利于立法机关，除非立法机关选择修改与公约规定不一致的立法，或者制定新的法律以保护公约权利，否则公约权利将得不到有效保护。

因此，《人权法》最需要一种能关注到立法机关和司法机关
不同机构特征的模式。该法第3条适合司法机关更有可能就公 130
约权利的范围和适用得到正确结论的情形，而第4条适合立法机关更有可能得出正确结论的情形。

此外，《人权法》并不要求司法机关和立法机关有同等的权力去解决两机构间的对话问题。这一点非常重要，因为民主对话模式中依赖于立法机关和司法机关之间的形式平等有两个问题。第一个问题是，不稳定状况的出现。如果我们接受了权利的可争议性本质，在实践中立法机关和司法机关就很难就某一特定权利的内容达成一致。相应地，立法机关就可能经常在不同意司法机关的裁决并认为有合理理由时，行使其修改法院裁决的权力。反之，司法机关也有理由相信其就特定人权的范围和适用做出的判断。这就可能导致一系列的宪法危机，因为每个机关都想推翻对方的决定，并认为自己有理由这样去做。

第二个问题是，这种对话形式所要求的立法机关和法院的

权力平等还可能进一步削弱其正当性。它可能会鼓励不同的机关去行使权力,达成妥协,以避免由于一系列的宪法危机所造成的不稳定局面。然而,仅仅在对话的双方机构都试图找到正确答案时,对话模式才具备正当性,以保证(1)更有能力就人权的范围和适用找到正确的答案,或者(2)找到权威性的、作出人权范围和适用决定的正当程序。

三、《人权法》,“确定结论”和权利理论

就公约权利的范围和适用问题,《人权法》并不要求明确法院还是立法机关谁更有可能得出正确结论,或者哪个机构适用了更好的程序,给出确定结论(definitive conclusion)。相反,它要回答的是:就公约权利的范围和适用问题,考虑到(1)争议权利的本质,(2)就公约权利作出决定所适用的程序,立法机关和法院谁在做定论时更有可能犯错。《人权法》要求对这个问题的假定必须具有合理性。当我们利用立法机关和法院的不同机构特性,决定是否应根据《人权法》第3条和第4条建立起民主对话形式时,《人权法》的这一特点可以帮助我们应对可能出现的批评意见。

沃尔德伦认为,根据不同机构的相对能力,决定权利的范围和
131 和适用将会堕入关于权利理论本身的争议。由于权利理论本身

是具有争议的,那么关于不同机构解决权利争议的相对能力也同样是有争议的。因此,沃尔德伦认为,这些观点不能适用于决定权利问题,否则将会造成"权利工具主义"的危险。[40]

但是,沃尔德伦的论点只针对运用机构因素判断某一机构就人权的范围和适用问题是否最适合做出正确答案,并把其当作"确定结论"的做法进行了批判,然而,《人权法》中的权利保护民主对话模式对此并未要求得出一个确定结论,相反,它只是要求机构因素被用来决定法院或立法机关,就公约权利的范围和适用,哪一个机构得出正确答案的判断更合理,或者哪一个机构得出答案的程序更为正当。这一点能帮助我们决定法院何时应根据《人权法》第3条的规定行使权力,何时应根据《人权法》第4条的规定把决定权留给立法机关。

如果可以合理认为司法机关更适合就权利的范围和适用得出正确答案,或其得出答案的程序更具正当性,那么,初步看来,法院就应根据《人权法》第3条行使权力。但如果根据机构特征,立法机关更有可能做出正确决定或者在程序上更正当,则法院应该按照《人权法》第4条而非第3条规定的方式行使权力。

---

〔40〕 See ch 4, pp 109 – 112. See also Waldron, above n 26.

《人权法》通过规定两种不同形式的对话，解释了在缺乏对简单案件和疑难案件的清晰区分时如何维持稳定的问题。《人权法》并不要求在简单案件和疑难案件之间进行明确区分，以确定是法院还是立法机关应根据《人权法》之规定行使法定权力，或者如何行使权力。这是因为《人权法》第 3 条和第 4 条只赋予了立法机关或法院在解决人权问题上相对更大的权力，而非确定的权威。这需要我们评估是否可以合理认为，基于法院能更好地解决公约权利的范围和适用问题，或者其得出结论的过程具有更大的正当性的理由，法院在履行其纠正职能。[41] 当法院面对的是一桩简单案件时，我们可以合理认为它在履行纠正职能；但当法院正在处理一桩疑难案件时，同样的结论就可能不再适用。关于合理性的评估并不要求就法院面临的是简单案件还是疑难案件给出确定性答案。

132 《人权法》提供的权利保护民主对话模式，能够克服为民主对话模式证成时遇到的实际和理论上的困难。但是，要成功做到这一点，围绕特定公约权利的范围和适用问题，需要具有区分立法机关和法院机构特征的能力，它们在得到正确结论方面的

〔41〕 即法院根据第 3 条行使权力，对立法做出一种公约一致性解释。

相对能力以及它们得出结论所适用的程序的相对正当性。

第四节　对话和机构的相对能力

如上所述,我们已经得出结论,1998 年《人权法》中关于权利保护的民主对话模式,需要我们就立法机关和法院的不同机构特征作出分析。[42] 分析的重点是那些能决定法院应该适用《人权法》第 3 条还是第 4 条的特征。这是因为《人权法》给予了民主而非人权更多的保护,对法院推翻违背公约权利之立法的权力进行了保留。《人权法》并没有授权立法机关以保证民主免受权利强保护模式不必要的侵扰,却赋予法院保护权利的职责和权力,以免受立法机关不必要的干扰。

法院主要在三个方面被认为能够比立法机关更好地保护人权。首先,法院相对于立法机关能更好地保护少数人的权利。其次,法院更适宜维护现有法律系统中固有的权利原则。最后,法院能更好地保护特定个人权利免受一般性条款的侵犯。而法

〔42〕 希克曼得出了一个相似的结论,参见 Hickman, above n 20。

院所受到的主要限制则是其提供权利救济的方式与立法机关不同。法院只能弥补法律的部分缺陷,无法提供广泛的、普遍的救济。

一、对少数人权利的保护

认为法院可以更好地保护少数群体权利的论点有广泛的理论支撑。第一种论点聚焦于民主立法机构的固有缺陷,即立法机关更有利于保护多数人的利益而不是少数人的利益。这将影
133 响卡拉布雷西(Calabresi)所谓的权利保护的Ⅱ型模式,即“反歧视原则的司法执行”模式。权利保护的Ⅱ型模式将保障基本权利的任务分配给立法机关,但也认识到立法机关无法保护某些特定的少数群体的权利,在特定社会中,这些群体或得不到足够的代表,或被排斥在立法过程之外。因此,当出现立法强加给没有足够代表权的少数群体以沉重负担时,法院就应该承担起对立法进行更严格审查的责任,以保证其不会限制这些得不到足够代表权的少数群体的基本权利。法院有权推翻这种立法。这一人权保护模式的正当性建立在民主立法过程所固有的缺陷上,即民主立法在本质上有利于多数人。相应地,应得到关注的是,在追求制定满足多数人愿望的政策时,少数人群的权利可能被立法机关忽视。因此,法院必须将其角色限定在保护特别少

数群体的权利方面，以修正民主立法过程中的固有缺陷。[43]

伊利（Ely）的“强化代表权”（representation-reinforcing）型司法审查进一步说明了司法审查旨在弥补立法机关不适合保障少数人权利的弊病。[44] 伊利的理论要求法院介入，以保护那些被隔绝在立法过程之外的少数群体，保护那些因法律而处于弱势地位者，因为法院有理由怀疑这一弱势地位是由多数人对少数群体的偏见导致的。法院还应严格审查那些针对少数人参与民主过程之权利的限制，如对表达自由的限制。

评估民主过程中是否存在这些缺陷取决于我们对民主立法机构之组成的分析。威斯敏斯特议会由通过简单多数选举制（an electoral system of first past the post）选出的议员组成，根据相对多数而非绝对多数原则，将议席分配给在特定选区中获得最多票数的人。另外，内阁由威斯敏斯特议会中取得最多席位的政党组织。内阁有权提出大部分的立法动议，而法案的生效只需要两院各自的简单多数票（如果没有达到多数，则需要在

---

〔43〕 G Calabresi, ‘Antidiscrimination and Cultural Accountability (What the Bork-Brennan Debate ignores)’ (1991) 105 *Harvard Law Review* 80, 91 – 103.

〔44〕 JH Ely, *Democracy and Distrust: A Theory of Judicial Review* (London, Harvard University Press, 1980).

平民院中适用 1911～1949 年《议会法》中的程序）及君主的同意。由于党鞭系统（the party whip system）的运行，内阁的立法动议极少得不到通过。

基于威斯敏斯特议会的这些特点，我们可以得出一个初步
134 结论，即在英国宪制结构中，占据主导地位的立法机构，[45] 可能不会像法院那样考量少数群体的权利。内阁由占议会大多数席位的政党来组织，但在全国范围的选举中他们却未必拥有多数票。这种不一致将使政党更没有动力参与到对社会少数群体利益的保护中来。该选举制度还可能使新晋政党难以在议会中得到合比例的代表权。即使在获得议席的情况下，由于立法的通过只需要平民院的简单多数和君主的同意，也会使少数群体在平民院中的代表难以阻止立法侵犯他们的权利。在实践中，要获得足够的政治支持，进入政治辩论中对某些群体来说是极其困难的，如囚犯群体。

除了认识到民主立法过程中可能存在的缺陷，还可以从其

---

〔45〕 这一争论并不涉及苏格兰议会、威尔士议会和北爱尔兰议会的组成。这是因为我们的讨论只涉及如何为法院与威斯敏斯特议会之间民主对话式权利保护模式提供辩护理由。自治的立法机构并没有被赋予制定与公约权利相反的法律的权力。参见 1998 年《苏格兰法》第 57(2)条、1998 年《威尔士政府法》第 22～33 条、2006 年《威尔士政府法》第 81 条、1998 年《北爱尔兰法》第 24(1)(a)条。

他角度论证为什么法院会更好地保护少数群体的权利。拉兹认为,由于法院在宪法政治中的作用,它更适合保护少数群体的利益。他关注的是少数群体更容易通过法院而非立法机关来保护自己的权利这一实际原因。权利受侵犯的群体可以提起法律诉讼,并不需要在其他群体的帮助下进入到政治辩论中。并且由于案件的胜诉与否更多取决于逻辑和推理的说服力,而非形成政治联合,[46]所以少数人更容易成功地实现权利保护。

从英国行政法的视角来看,以司法途径保护少数群体的权利也比立法途径容易。受侵害者具有诉讼资格(standing),其中包含潜在受侵害者的利益代表。[47] 那些权利为法律所损害的人就符合了这一资格要求,因此能够提起法律诉讼,要求对法条重新解释以保护他们享有的公约权利,或者要求法院作出不一致宣告。由于只有实际的或立法潜在受损者才能请求法院作出 135
不一致宣告,[48]这可能使代表特定少数群体利益的社团难以获得同样救济的机会;但即使如此,法院仍然可以通过解释法律保

〔46〕 J Raz, 'Rights and Politics' (1995) 71 *Indiana Law Journal* 27, 42 – 3.

〔47〕 Human Rights Act 1998, s 7(1), s 7(3) and s 7(7).

〔48〕 Re S (Minors) (Care Order: Implementation of Care Plan) [2002] UKHL 10, [2002] AC 291, [88].

障其与公约的一致性。另外,即使法院没有作出不一致宣告,民主对话仍然可以继续展开。因为没有受侵害者进入法庭诉讼,法庭无法作出不一致宣告,这只是由于救济途径不适合,并不意味着立法与公约权利相符。

这些不同论述也许并不能充分表明法院更适合得出关于权利本质的正确结论。但是,他至少提出了一种怀疑:威斯敏斯特议会可能在作出决定时,没有充分考虑少数人的权利,而司法诉讼则为少数群体提供了更好的救济,使法院能够纠正公约权利被违反的错误。因此可以初步断定,司法机关能够纠正立法机关在人权保护领域中的潜在失误。

二、保护长期存续的原则

立法机关和法院的不同机构特征,也可以被用来支持法院比立法机关能更好地保护长期存续的原则的结论。与支持司法机关有权就权利本质作出权威性决定的论述相似,这一论点认为,对人权范围和适用的正确决定源自道德推理原则,并反映在司法机关的法律推理过程中。

以上两种论述的差异在于他们使用不同机构特征的方式。法院的机构特征并未被用作法院就权利的范围能得出最优答案的决定性证据。相反,这一论点认为,影响法院和立法机关推理方式的那些机构性特征，使法院较少会忽视与权利范围和适用相关的信息。与立法机关相比，法院更有能力保障那些长期存续的原则和宪法中固有的权利规定，这是因为法院要参考长期存续的权利原则，专门针对权利范围问题作出决定，而立法机关则较少关注权利的范围和内容，他们更关心迫在眉睫的事项，但可能间接对权利造成限制。[49]

比克尔（Bickel）的司法审查理论直接表明，其认为，由于司法机关在权利宪法保护中的作用，应授予司法机关解决权利问题的最高权威。他是通过对法官选任方式和法官进行法律推理、得出结论的过程的考察，认为法院更适合保护长期存续原则。法官的独立性使其不易受政治压力的影响，也不会轻易做出感性的回应，而可以给出有说服力的结论。[50] 法官受到像学者一样处理问题的训练，通过查阅先例，识别贯穿法律的共同原则。这一方法论将有利于长期的、一般性原则的发展而非短期 136

〔49〕 正是由于没有运用机构特征来得出确定结论，没有运用立法机关与法院的相对权力观点去得出关于人权本质和范畴的正确结论，才导致这些论点免于被批评为“权利工具主义”。参见 Waldron, above n 26, at 370。

〔50〕 AM Bickel, *The Least Dangerous Branch: the Supreme Court at the Bar of Politics*（Indianapolis, Bobbs-Merrill, 1962）25 – 6 and AM Bickel, *The Supreme Court and the Idea of Progress*（New York, Harper and Row, 1970）82 and 177.

的政策需求。另外,立法机关则更关心解决迫在眉睫的事项,回应短期的政治需求,并更有可能感情用事以争取政治支持。他们更少关注长期存续的权利原则,因此这些原则更容易被短期立法决策侵蚀。

比克尔并未表明法院的推理过程类似于道德推理,或者认为法院发现的原则是正确的,因此应该优于立法机关的决定。他只是认识到,鉴于机构性差异,法院比立法机关更可能关注到权利问题和长期存续的原则。[51] 因此,司法机关能够保护权利和长期存续原则免受立法机关的随意侵犯。

通过区分司法立法和立法机关立法之间的三点区别,戴雪得出了与之相似的结论。他再次把重点放在不同机构就人权范围和适用得出结论所使用的不同方法上,认为法院更关心识别原则(discerning principles),逻辑地适用法律原则解决实际问题。[52] 法官通过先例得出推理链条,更容易实现法律适用的确定性。[53] 法院更可能依赖先前检验过的意见,适用更具有一般

---

〔51〕 Hickman, above n 20.

〔52〕 Ibid, at 364 –7.

〔53〕 Ibid, at 366 –7.

性的、已建立的原则而非时下的看法。[54] 如果说立法机关易受当前政治压力的影响，则法院能更好地免于此类压力。这些特征都使戴雪认为法院的功能是保证一般性的基本原则免受立法机关草率决定的侵蚀。既然立法机关为了满足多数人的愿望而追求权宜之计，那么它就可能对那些司法机关确信并保护的长 137
期存续的原则视若无睹。

这些机构性差异都反映在英国宪制安排中，其中内含一个保障司法独立的宪法原则。[55] 英国法律体系以普通法推理原则为基础，法院会关注有拘束力的先例，并保留普通法中长期存续的原则。而且，《人权法》第3条、第4条和第6条也强化了法院的作用，因为司法机关有义务在解释法律或判断行政行为是否因违反公约权利而违法时，关注人权保护问题。《人权法》第6(3)(b)条进一步强化了法院的这种职责，将法院视为实现《人权法》宗旨的公共权威。

对戴雪观点的反驳意见存在于1998年《人权法》第19条中。该条要求就拟议的法律是否与公约权利一致的问题附有一份部长级声明。通过作出这一声明，立法机关将把注意力放在

〔54〕 Ibid, at 367 – 71.

〔55〕 特别参见 Constitutional Reform Act 2005, s 3 and s 4。

人权保护上,从而减少立法机关忽视所立之法对人权影响的可能性。[56] 这一点也可能使法院的纠正功能受到质疑。但是,即使立法机关对人权保护予以关注,也无法保证这种关注将直接影响立法的内容。丹尼·尼古(Danny Nicol)提供的证据表明立法机关很少使用权利话语,而且立法机关根据《人权法》第19条做出的反应是更一般的对保护人权之需要的认识,而非对一般立法侵犯人权的可能性进行批判性反思。[57] 因此,即使立法机关在立法时可能已经将人权问题纳入考量,也至少可以考虑一下,司法机关是否更有能力精确地关注权利争议,确保立法机关不会随意侵犯人权。

三、对特定个人权利的保护

从机构特性上来说,法院更适合于保护特定原告提出的、将权利条款适用于特定情形的事项。比克尔认为,法院关注有血有肉的案件事实,能查看立法机关的决定如何影响诉讼中特定原告的权利。立法机关更关注抽象的一般性原则,立法从本质

---

〔56〕 See, D Feldman, 'The Impact of the Human Rights Act on the United Kingdom Legislative Process' (2004) 25 *Statute Law* 91.

〔57〕 See, D Nicol, 'The Human Rights Act and the Politicians' (2004) 24 *Legal Studies* 451.

上就要求一种更宽泛的视角。[58] 这些差异源自司法功能本身。 138
法院更具备将一般性权利条款适用于特定情形的能力,司法功能的本质就是解决个别争议。

这一论点并不是指由于法院更关注个别问题而非一般性问题,所以法院比立法机关更容易正确解答特定权利的内容。相反,这一论点认为,立法机关关注一般性事项时,可能没有意识到其一般性措施会损害特定个人的权利。立法机关不可能会考虑到立法对每一个受其影响的人的可能后果。但这些受影响的人却有机会寻求司法救济。法院将对诉争的特定事项进行考量,来判断某些特定权利是否受到了侵犯。

四、补缺式修改(Interstitial Changes)

在立法机关没有充分保护人权的情况下,司法机关提供救济的能力应该受到限制,只能对法律做出补缺式修改。司法机关根据双方当事人提出的问题,对案件进行审理。因此,法院并不适合像立法机关一样解决复杂的社会问题。立法机关更有能力解决涉及社会不同群体的问题或者具有更大规模和广泛影响的问题。[59]

---

〔58〕 Bickel, *The Least Dangerous Branch*, above n 50, at 26.

〔59〕 Bickel, *The Supreme Court and the Idea of Progress*, above n 50, at 91 and 175 – 77.

这些差异源自司法推理过程的本质。法院有能力通过解释推理的过程对法律作出修改,使新的发展趋势与过往的判例法相适应。因此法院只能对法律做出补缺式修改。法院只能进行部分和零散的修改。司法机关虽然无法启动修改程序,但可以对诉争案件做出回应。案件由诉争双方呈现,法院听取双方的辩论,却未必能认识到他们的决定将会对法庭之外的其他人产生怎样的影响。立法机关则能做出更广泛、全面的修改,并能主动进行修改。立法机关进行的改革是彻底的,并能更好地理解其立法会给更广范围内的群体和个人带来怎样的影响。[60]

这些差异都反映在英国宪法之中。先例规则可以限制司法机关的行为。即使贵族院并不受自己先前判决的束缚,它也极
139 其谨慎,鲜有推翻过去的决定。尽管放宽诉讼资格要求,特别是采纳法庭之友简报制度(*amicus curiae* briefs),有利于法院更加了解司法裁决对当事人之外其他人的非直接影响,[61]但对法院

---

〔60〕 See, A Kavanagh, ' The Elusive Divide between Interpretation and Legislation under the Human Rights Act 1998 ' (2004) 24 *Oxford Journal of Legal Studies* 259,271 – 74.

〔61〕 See, C Harlow, ' Public Law and Popular Justice' (2002) 65 *Modern Law Review* 1.

救济手段的限制还是限制了这些制度效果的实现,而议会则不受此类限制的束缚。

这种机构特性上的差异,并未证明司法机构最适合修正立法机关在权利保护方面的失误。相反,它指出了司法机关在救济违反权利事项时应受多大程度的限制。这样做就可以限缩司法机关在当事人权利受侵害时根据《人权法》第 3 条解释立法,为当事人提供救济的权力。

第五节　走向审判理论

为了实现民主与权利的有效平衡,《人权法》第 3 条和第 4 条的解释方式必须能够产生我们所需要的对话,来为 1998 年《人权法》建立的民主对话模式辩护。这构成了《人权法》提出的审判理论的第一个要素。除此之外,我们还需要考虑该法的其他两个特征。

一、机构能力和救济后果

《人权法》第 3 条和第 4 条为原告提供了不同的救济方式,并要求不同机构担负起提供救济的责任。根据第 3 条法院为特定原告提供救济,而第 4 条则规定立法机关应该在法院做出不一致宣告时采取行动予以救济。立法机关和法院的机构特性限制了法院提供救济的种类,进一步限制了其根据第 3 条所享有的权力。另外,立法机关和法院的机构特性也反映在第 3 条的限制条件中:法院要"尽最大可能"(so far as possible)将法律理解为与公约权利相符。法院权力不得超越对立法进行公约一致性解释这一权力范围。因此,在理解对于法院解释权的限制时,我们必须考虑一种审判理论。这些限制通过对立法机关回应《人权法》第 3 条公约不一致宣告的方式进行定义,同时激活了民主对话。

我们把民主对话的正当性建立在立法机关和法院的不同机
140 构特征上。法院可以纠正立法机关所犯的错误。首先,法院可以比立法机关更好地保护少数群体的权利。其次,当对一般性法律条款的关注触及特定个人权利时,法院可以纠正立法机关可能犯下的失误。最后,法院能够纠正立法机关对特定社会中长期存续的法律权利和法律原则的潜在侵犯。

但是,《人权法》所要求的民主对话模式,并非仅仅是由于立法机关和法院之间机构特性相对能力的不同而授予法院分别根据第 3 条和第 4 条行使权力。而是因为民主对话理论的正当性在于:权利保护的民主对话模式假设我们既对保护权利的必要性问题存有充分共识,又对公约权利的范围和适用存在广泛分歧。同时,它也需要我们对权利的范围和适用具备区分合理分歧和不合理分歧的能力。当对特定公约权利的范围和适用存在合理分歧时,认为法院应行使其纠正职能就是不合理的。相应地,最好的解决方式是通过适用《人权法》第 4 条,给予立法机关更高的权威做出终极决定。而如果在权利的本质和适用方面不存在合理分歧的空间,那么认为法院行使其纠正职能就是合理的。在这种情形下,解决该争议更应适用第 3 条而非第 4 条。

二、识别在权利问题上存在合理分歧的案件

立法机关和法院的不同机构特性,与证成权利保护的民主对话模式所需的前提条件,共同说明了审判理论的第一个特征,以保证《人权法》在民主和权利之间达成有效平衡。

法院需要区分案件中有关权利争议的合理与不合理分歧。当面对无争议性事项时,可以初步断定,法院应根据《人权法》第 3 条的规定履行其职责。当面对存在可争议性事项时,法院则应根据《人权法》第 4 条的规定行使权力。这些特征还可以为立法机关提供指导。当法院断定立法机关由于侵犯了重要的

少数群体权利而违反了公约权利规定,或者由于立法的一般性法律条款减损了特定或长期存在的个人权利,立法机关应该更审慎地行使其修改或修正法院结论的权力。在这些情况下,特别是在决定是否应通过制定新的法律条款来推翻法院根据《人权法》第3条做出的法律解释时,立法机关需具备更充分的正当理由。

141 **三、机构特征和救济措施**

立法机关更适合对某些侵犯人权的情形提供救济。特别是因为法院只能进行补缺式修改,对诉争的特定事项进行救济。法院不能进行宽泛的、对未来发生效力的更改,也不适合制定公共机构为保护公约权利必须遵守的复杂程序。在这些情形下,立法机关更适合提供救济措施。立法机关和法院在相对能力方面存在的这些机构性差异,在提供有效的救济时,对《人权法》第3条的适用,进行了进一步的限制。当对立法进行公约一致性解释要求法院创设一种超出其机构能力范围的救济时,法院就不应该适用《人权法》第3条的规定。此时,法院更应该做出公约不一致宣告,以促使立法机关创造出能够有效保护权利的救济方式。

这一特征也影响了立法机关回应法院裁决的方式。当法院面临一个不可争议的权利事项,并且法院因其机构特征不能提供有效救济，所以不得不做出公约不一致宣告时，审判理论必然要求立法机关承担通过立法保护公约权利的重要职责。而当法院认定立法侵犯了少数群体的权利或者一般性立法条款无意间侵犯了特定个体权利时，立法机关的职责将更加强化。

四、民主对话与解释原则

解释原则也对《人权法》第3条和第4条的理解至关重要。这不仅源于第3条的措辞，即它要求法院尽可能地使立法解读与公约相一致，并适用该法律，解释原则还为立法机关提供了根据《人权法》第3条对法院裁决作出回应的措施。如果立法机关想成功地回应法院的裁决，那么它就需要制定不会被法院解释并推翻的违背公约权利的规定。解释在这一意义上提供了限制。它既限制了法院解释立法以实现公约一致性的能力，也促使立法机关在法院对公约权利的解释之外建立一种不同的理
解。因此，解释原则对法院权力构成了进一步的限制。当对立 142
法与公约一致解读超越了解释原则可接受的范围时，法院不能适用第3条的规定。

当法院仅仅出于解释原则的限制适用《人权法》第4条而非第3条时，立法机关就被赋予重要职责来回应不一致宣告，要通过修改法律来保护公约权利。当法院认定立法损害了少数群

体权利,或认为一般性法律条款损害了特定的或长期存在的权利原则时,立法机关的责任更强。但这不同于根据《人权法》第3条法院作出解释后,立法机关通过立法来推翻法院解释的情形。

五、小结

上述因素综合提供了《人权法》中蕴含的审判理论的框架,能够证成权利保护的民主对话模式。首先,法院需要在简单案件(诉争的权利争议是不容争辩的,对判决结果也不存在合理分歧的案件)和疑难案件(关于判决结果存在合理分歧的案件)之间进行区分。当面对疑难案件时,法院应该适用《人权法》第4条的规定。而面对简单案件时,法院应适用《人权法》第3条的规定。但是,当法院认定立法与公约权利一致,而救济条款的要求超出了法院的机构能力时,法院也不应该适用第3条。另外,当解释原则决定了法院不可能对立法做出公约一致性解释时,也不应该适用第3条。在这些情况下,法院应该根据第4条做出不一致宣告。

立法机关有修改法院结论,回应第3条和第4条规定的权力。在第4条规定下,立法机关在面临不一致宣告时有最大限度的自由。但前提是法院面对的是一个疑难案件,因此不能合理认为法院能够行使其纠正职能。当法院认为特定少数群体的权利受到了侵犯,或者一般性立法条款不慎侵犯了特定或长期存在的权利而认定法律违反了公约权利时,立法机关负有更大的责任要回应不一致宣告。当然这不意味着在任何情况下立法机关都要作出回应,而是意味着立法机关在选择不回应时必须具备更充足的理由。如果法院面对一个不具争议性的权利问题,本身无法提供救济,或者法院无法作出一个公约一致性解读,而适用了第 4 条的规定,那么立法机关就有更大的责任介入以保障公约权利,并在它决定不介入时必须提供更充分的理由。143
而当法院行使第 3 条规定的权力时,立法机关除非有充足理由,否则不应该行使推翻法院裁决的权力。立法机关的决定应该经过政治过程的审查,以确保以一种合法的方式行使权力。

第六节　结　语

我们经分析认为,1998 年《人权法》既规定了一种权利保护的民主对话模式,又证明了权利的强保护模式可以与民主价值的保存相平衡。在如何权威性地解决公约权利的特定适用问题上，事实上《人权法》通过创立法院与立法机关之间不同的对话形式实现了这一目的。与此同时，促成这些机构间的活跃对话也能够保有立法机关在公约权利保护方面的终极法律权威。

这一章还认为，法院与立法机关的不同机构特性，通过提供一个审判理论模式决定了《人权法》第3条和第4条中蕴含的对话模式分别在何时适用。在下一章中，我将继续这一讨论。我们将分析目前的法律标准在多大程度上可以促成民主对话，以证成《人权法》的正当性。

第六章　一种审判理论

1998 年《人权法》提供了一种权利保护的民主对话模式，旨在平衡人权保护与民主的需要。该法将此平衡关系引向有利于民主的方向。它保留了议会主权原则，因为议会既拥有对公约权利内容的最终决定权，也能以明示或默示的方式废止《人权法》中的现行条款。同时，该法第 3 条和第 4 条为法院提供了一种保护权利的手段。其中第 3 条赋予法院相对较大的权力，以解决公约权利的范围和适用争议。法院有权解释并确保立法与《欧洲人权公约》的一致性，为权利受损者提供救济。立法机关则可以通过制定新法做出回应，修正法院裁判的结果，尽管在实践中这很难实现。该法第 4 条则赋予了立法机关相对更大的权力。一项制定法即使被宣布为与公约不一致，仍然具备合法性、有效性和实际效力。而要实现保护权利的目的，立法机关需要废除或修改法律来做出回应。因此,《人权法》中此两种形式的对话与民主对话模式最相适应,反映出立法机关和法院的不同机构特征:既反映了它们就权利范围和适用问题做决定的能力不同,也反映了它们在决策程序正当性上的差异。

但是,为了确保《人权法》能够在实践中达致这种平衡,我们还需要决定法院和立法机关应如何依据《人权法》行使权力,履行职责,形成正确形式的对话。上一章我们已经划定了这一检验的理论基础。本章则对现有的法律检验标准进行审查,解释当前的法律检验标准为什么没有为《人权法》所需的对话模式提供助力,并基于现行法和学术批评来构建一种替代性的检验标准。

146 第一节 现有的法律标准(Legal Test)

现有法律标准源自贵族院在盖丹诉戈丁·门多萨案[1](以下简称盖丹案)中的裁决,该裁决拒绝对《人权法》第3(1)

〔1〕 [2004] UKHL 30, [2004] 2 AC 557.

条进行纯粹字面解释。[2] 该法第3(1)条要求法院即使在法条不存在歧义语句时,也应对法律作出与公约一致性解释。此外,第3(1)条授权法院适用扩大性解释和限缩性解释原则。法院既可以通过补充法律条文中缺少的词语来实现公约一致性解释,[3]也可以通过限缩一般性条款的适用范围确保法律不会与公约权利相悖。

对法院作出公约一致性解释的权力存在两种限制。

其一,如果将法律解释为与公约权利规定一致将减损该法律的基本特征,就不能作出与公约一致性解释并使之生效。这种情况出现在司法解释与该法律的立法宗旨不符之时。[4] 法院需要保证不会推翻该法律的整体宗旨[5]或者用说不通的含义来解释法律条款。[6]

其二,法院应确保在适用《人权法》第3(1)条时,不会做出

---

〔2〕 Ibid, at[30] – [31] (Lord Nicholls), [38] – [41] (Lord Steyn) and at [110] (Lord Rodger). 尽管发表了不同意见,米利特法官似乎认为语义并不像人们认为的那样可以较大地限制解释的种种可能性,他指出法院"一有机会就会对制定法的语义进行相当程度的扭曲,施加一种虽然不自然也不合理却说得过去的含义"[67]。(第67页)

〔3〕 Ibid, at[32] (Lord Nicholls) and [67] (Lord Millett).

〔4〕 Ibid, at[35] (Lord Nicholls), [110] (Lord Rodger).

〔5〕 Ibid, at[65] (Lord Millett).

〔6〕 Ibid, at[67] (Lord Millett).

从机构特征上来说不适合由其做出的决定。盖丹案就提供了三种可能情形：首先，在从几种可能的公约一致性解释中选择时，法院不应做出立法性考量。[7] 其次，法院应避免做出会导致巨大实际恶果的公约一致性解释。[8] 最后，在面对有关社会政策的复杂事项时，法院不应轻易适用《人权法》第3(1)条。[9]

147 **一、解析：民主对话审判模式与现行法律的相符性**

现有法律标准确实部分反映了《人权法》中权利保护之民主对话模式所需要的审判理论。它直接包含了两个必要因素。第一个因素，它说明了法院解释的范围，可为审判理论提供进一步的具体内容。尤其是它定义了法律解释的含义，能够促进立法机关与法院之间的对话。第二个因素，通过将立法机关和法院的机构特征纳入考量，确定了哪个机构更适合为保护公约权利提供特定救济。但是现行法仅间接涉及简单案件与疑难案件之区分。这一间接的关注意味着当前的法律标准可能难以促成《人权法》所需的对话模式。另外，间接的关注也不能对争议性权利和非争议性权利之区分提供充足的说明。

---

〔7〕 Ibid, at[33](Lord Nicholls).

〔8〕 Ibid, at[115](Lord Rodger),[34](Lord Nicholls).

〔9〕 Ibid, at[65](Lord Millett),[50](Lord Steyn).

当前标准对法院适用《人权法》第3(1)条的能力进行了详细的解释上的限制,即使涉及无争议的公约权利。在盖丹案中,限制的主要关注点是法院解释在多大程度上减损了该法律的本质特征。在此情形下,不仅可以辨清解释权的范围,也可以检验是否有利于促成机构间对话。正如斯泰恩法官在盖丹案中所言:

> 如果议会不同意法院根据《人权法》第3(1)条作出的解释,它有权通过修改法律,并明确重申其与公约不一致之处,来推翻法院的解释。[10]

通过表明推翻法院解释的意图是该法律的本质特征,议会可以实现这一目的。这不仅保证了立法机关能够回应法院裁决,核查该意图是不是法律的本质特征,而且是推进议会内部民主辩论的手段之一。

当前的法律标准显然考虑到了不同的机构特性,限制了法院做出有效救济的能力,从而为我们的审判理论提供了具体内

〔10〕 Ibid, at[43].

容。以盖丹案中对法院公约一致性解释的第二种限制为例，当公约一致性解释会带来影响深远的实际恶果，法院不应该适用
148 第 3 条来作出此种解释。[11] 针对这些问题，议会要比法院更加适合提供解决方案。

对此，有一个鲜活的例子可以分析，即有关 S（未成年人）（实施养育计划的养育指令）案：有关 W（未成年人）（养育计划的充分性）案（以下简称 S 和 W 案），[12] 其涉及 1989 年《儿童法》条款与《欧洲人权公约》第 8 条之间的一致性问题。该法授权地方政府可以做出一项养育指令，将某一儿童与其监护人的照看分离。在对该法进行公约一致性解释时，上诉法院创建了一套新的对养育水平进行“评星”的系统。根据此规定，除非在特定时间内满足了某些重要条件，否则儿童的监护人有权在法庭上挑战地方政府的养育措施，从而允许法院介入当地政府的决策过程。但尼科尔斯法官认为，地方政府的措施是否会造成实际恶果，法院并没有足够能力进行评估，尤其考虑到“评星”系统会增加行政费用，继而对地方政府财政收支产生影响，并可

---

〔11〕 [2004] UKHL 30, [2004] 2 AC 557, at [34] (Lord Nicholls), [115] (Lord Rodger).

〔12〕 [2002] UKHL 10, [2002] 2 AC 291.

能导致地方政府削减其他公共服务。另外,“评星”系统要求地方政府提交报告、等待法院裁决,会进一步影响地方政府针对那些满足养育指令条件的儿童履行监护职责。而法院并非最适合衡量这些实际后果的机构。[13] 在这种情况下,法院最好是根据《人权法》第4条作出公约不一致性声明,而非对该法做出公约一致性解释。

盖丹案并不需要我们在简单案件与疑难案件之间进行区分,也不需要分析法院面临争议性权利问题时如何行为。然而与权利可争议性相关的因素确实会影响法院判决。当要决定争议事项是否适合法院裁决时,法院尤其需要关注那些会影响权利可争议性的事实。当我们对盖丹案中的判例法要素进行解析并涉及那些反映了法院的机构局限性因素时,这一关联关系将更加清晰地显露出来。我们以贝林格诉贝林格案(以下简称贝林格案)[14] 为例来分析。

二、示例:贝林格案

尼科尔斯法官和米利特(Millett)法官都把贝林格案看作一

〔13〕 Ibid, at[43] – [44].

〔14〕 [2003]UKHL 21, [2003]2 AC 467.

个不适合法院解决的例证。[15] 该案涉及对1973年《婚姻诉讼
149 法》第11(c)条的解释。该条款将合法婚姻定义为“男性”与“女性”之结合。贝林格太太是一名女性变性人,其在出生时被登记为“男性”,但在接受变性手术和治疗后一直以女性身份生活。因此,本案涉及法条中所言的“男性”与“女性”是否可以通过出生时所具生理因素以外的其他方式予以确定。在贝林格案中,尼科尔斯法官认识到适用生物学标准以外的其他标准决定性别会存在困难。考虑到当事人可能经历过大量的手术及其他医疗程序,以及社会认可度、生活方式等因素,法院并没有一个可以用来区分“男性”和“女性”的清晰标准,且不会对变性人造成歧视。另外,此案还需要考虑变性问题对婚姻目的的影响,因此还会与宗教和社会问题有关。在此情形下,本案不应适用《人权法》第3(1)条,它会引发社会政策和执行可行性争议,并产生广泛的实际后果。[16]

尼科尔斯法官的判断是基于那些对决定权利之可争议性至关重要的要素。由于决定性别需要大量的医学证据,因此,可以合理地认为,在对划分“男性”和“女性”标准进行公约一致性解

〔15〕 Ibid, at[34](Lord Nicholls) and[65](Lord Millett).

〔16〕 Ibid, at[28]-[49].

释时会存在分歧。另外,鉴于这一问题事关婚姻,而怎样规制社会中的婚姻问题存在不同的辩护理由,进而关系到互相冲突的基本原则。例如,婚姻关系的珍贵既被视为一种特别的具有宗教意义的关系,也被认为是推进和规范社会关系之稳定的一种手段。这些更深层次的原则冲突,将导致在定义法律所认可的婚姻双方的性别问题上得出各不相同的结论,但这些结论都具有合理性。

对法院是否可以进行公约一致性解释的评估还会引发复杂的社会政策问题,进一步加剧其中的不准确性。因此,当前的法律标准还不能实现《人权法》所要求的那种对话。这些不准确性至少部分是由于法院在决定复杂的社会政策问题时,会采取类似于核心和适用外围权利的那种区分。法院仅仅决定公约权利范围和适用是否会引发广泛的社会政策争议。但是,即使公约权利事项引发了社会政策争议,也不等于诉争事项本身具有争议性。对权利可争议性的决定应取决于诉争的特定事项本身是否是可争议的。

尽管贝林格案关系到复杂的社会政策问题,诉争事项本身却并无可争议性。在本案中显而易见,单纯基于出生取得的性 150
别不能保护贝林格太太根据《欧洲人权公约》第 8 条享有的公

约权利。此外，其他任何有关性别的医学定义在涉及变性人权利时都会把贝林格太太纳入其规范范围。在此意义上，对贝林格案的最优解释并非一个引发了复杂社会政策争议的案件，而是一个虽然权利事项无可争议，但存在一系列公约一致性解释可能性的案件。即不是权利争议本身而是何为最佳的公约一致性解释问题成了法院要解决的争议性事项。为进一步理解这些不准确的根源，有必要对贝林格案进行更细致的分析。

在盖丹案中，尼科尔斯法官认为，该案之所以不适合法院裁判，是因为会产生“极为广泛的影响”。[17] 而在贝林格案中，尼科尔斯法官则给出了三种不同理由来解释为什么该案不适合司法裁决：

1. 在作出公约一致性解释时，“男性”和“女性”之含义的确定存在内在模糊性。[18]

2. 在决定公约一致性解释的过程中存在实际困难和执行困难。基于性别定义的实际后果，对性别的清晰定义是必需的。这些后果不仅与婚姻相关，而且与诸如子女抚养、雇佣关系及具

---

〔17〕 *Ghaidan v Godin-Mendoza*, above n 1, at[34].

〔18〕 *Bellinger v Bellinger*, above n 14, at[40].

有性别特定性的刑事犯罪相关。[19]

3. 基于婚姻关系的社会与宗教背景，本案事实会引发棘手的社会政策争议。[20] 用于确定"男性"和"女性"的标准同时具有政策意义。例如，选择某种特别的手术程序作为确定性别的标准，将会迫使那些性别取向错乱的人们，接受痛苦而昂贵的手术治疗，以保证自己可以被承认为某一特定性别。[21]

这三个不同问题的混合产生了两大后果，并影响我们在决定适用《人权法》第 3 条还是第 4 条时标准的准确性。首先，社会政策因素导致的不准确性可能被计算两次。当面对复杂的社会政策问题时，法院在定义公约权利的范围问题上将服从立法机关，认为立法机关更适合解决这个问题。[22] 法院也将以涉及复杂社会政策问题为由来适用《人权法》第 4 条而非第 3 条。
151 是否存在复杂的社会政策问题因此被考虑了两次，不仅用于限缩公约权利的适用范围，并且被用于证明应适用第 4 条而非第 3 条。这可能导致民主与权利之间的平衡过于倾向保护民主的

〔19〕 Ibid, at[42].

〔20〕 Ibid, at[45].

〔21〕 Ibid, at[42].

〔22〕 See the later discussion at pp 156 – 8.

一面。[23]

结合贝林格案和盖丹案的事实,我们最好用一个虚拟的例子来解释这一点。假设贝林格夫人是一名变性人,她与贝林格先生共同居住,并举办了宗教性的而非法律意义上的结婚仪式。贝林格先生以自己的名义从戈丹·门多萨先生那里租了一套房子。在贝林格先生不幸去世后,贝林格太太希望继续留在她当作家的房子里。但是,戈丹·门多萨先生希望终止租约。法律规定了配偶可以承接剩下的租约,并把该"配偶"定义为"作为妻子或丈夫而与原租户共同居住的人"。法院需要确定该法条是否可以被解释为包括贝林格夫人,从而保护《欧洲人权公约》第 8 条和第 14 条赋予她的公约权利。

确定"配偶"的定义是否包括贝林格夫人会引发广泛的具有实际社会影响力的政策争议。但是,本案中法院要面对的不是定义"男性"和"女性"的难题,以确保法律不会歧视变性人。相反,法院可以把"配偶"理解为包括"作为原住户的妻子或丈

---

〔23〕 For further discussion, see AL Young, 'Ghaidan v Godin-Mendoza: Avoiding the Deference Trap' [2005] *Public Law* 23 and J Van Zyl Smit, 'The New, Purposive Interpretation of Statutes: HRA section 3 after *Ghaidan v Godin-Mendoza*' (2007) 70 *Modern Law Review* 294.

夫与其居住在一起”的变性人。在确定公约权利及限定其在本案中的具体适用时,广泛的社会政策影响已经被纳入考量。对于法院来说,以涉及复杂的社会政策问题为由,认为不能进行公约一致性解释并认为该事项更适用《人权法》第 4 条,就相当于法院对立法机关的两次服从。复杂的社会政策问题已经在对权利范围进行狭义定义的过程中被考虑过了。

但是,在某些情形下,复杂的社会政策问题可以成为法院适用《人权法》第 4 条而非第 3 条的理由。这就是复杂的社会政策问题表明,与法院相比,立法机关更适合救济被违反的公约权利。这可能有两种情形:第一,尽管对特定公约权利的定义是狭窄的,法院仍然要从一系列公约一致性的可能解释中做出选择。如果复杂社会政策问题导致的可争议性发生在这一层次,就如何为公约权利提供最优保障存在合理分歧,那么立法机关将相对更适合解决此争议。第二,当复杂的社会政策问题伴有广泛的实际后果,那么对公约权利的更优保护应通过一般立法而非 152
特别的、补缺式的法律发展来实现,而立法机关将更有能力为公约权利的违反提供有效救济。

三、小结

通过对现行法律检验标准的分析,我们进一步解释了根据

《人权法》第 3 条和第 4 条发展出的审判理论。当法院确定公约一致性解释不会破坏该法律的基本特征时,通过作出公约不一致性声明而非尽可能寻求一个公约一致性解释,将有助于推进《人权法》所需的民主对话模式。立法机关可以修改根据《人权法》第 3 条做出的司法裁决,并且这种方式也对立法机关施加了一种限制,即立法机关只有具备充足理由时才可以修改法律,从而最终推进民主对话。

我们的分析还进一步揭示了不同的机构特性如何决定最佳救济途径应该由立法机关还是法院提供。立法机关不仅更适合处理有广泛实际后果的事项,而且在就何种能力可以最好保护公约权利存在合理异议时,提供了解决争议的更优程序。但是,我们也应该承认,现有的法律标准可能存在不准确性的问题,从而减损了《人权法》的正当性。

第二节　一种新的审判理论

在文献和判例法中,我们可以发现对所提出的审判理论的另外两点论证。埃琳 · 卡瓦纳(Aileen Kavanagh)对法院解释权及其根据《人权法》第3条和第4条的适用问题进行了分析，进一步解释了立法机关和法院的机构特征如何影响我们评估哪个机构最适合对受侵害的特定公约权利提供救济。尊重理论也有助于澄清法院如何确定权利是否具有可争议性，尽管使用这一概念可能会危害我们为《人权法》权利保护的民主对话模式所做的辩护。在提出完整的审判理论之前，我们将继续讨论这些问题，并以贝林格案为例说明这一审判理论的应用问题。

一、解释 153

卡瓦纳对法院解释权的分析与我们提出的民主对话模式具有同一个理论前提。[24] 她承认公约权利存在模糊和不明确之处，因此当对公约权利的含义及适用存在合理分歧时，会形成多元解释。此外，有关公约权利及其适用的争议也会引发更深层的价值争论，而不仅是浅层的语义分歧。[25]

类似于充分的权利分歧这一理论预设，这一结论认识到权利具有可争议性以及解决权利争议不能仅靠对权利的语义理解。因此卡瓦纳拒绝采用纯粹语义式解释，进一步肯定了公约

---

〔24〕 A Kavanagh, 'The Elusive Divide between Interpretation and Legislation under the Human Rights Act 1998' (2004) 24 *Oxford Journal of Legal Studies* 259.

〔25〕 Ibid, at 263 – 64.

一致性解释应关注其是否违背该法律的基本特征。相反,卡瓦纳认为,根据《人权法》第3(1)条确定的解释范围是立法机关立法与司法机关立法之区别的最佳反映。

她区分司法机关立法和立法机关立法的依据是其机构性特征,类似于我们之前提到的、用于确定立法机关或法院何者最适合救济受侵害的公约权利。她认为,司法机关立法模式只能以部分和渐进的方式改进法律,通过回溯先例来促进法律的未来发展。立法机关立法则更全面,因为立法机关只需要面向未来,不需要回溯过去来保证新法符合旧法的范式。[26]

辅之以她对判例法的分析,卡瓦纳进一步分析了法院何时应适用《人权法》第 4 条而不是第 3 条。即使在处理无争议性权利问题时,法院有时也不能通过适用《人权法》第 3 条提供适当的救济。当公约一致性解释会造成立法方案的剧烈变动时,法院不应该适用该法第 3 条,因为它们无权对法律作出彻底的改变。[27] 同样,当公约一致性解释会造成大规模实际后果、超越了法院能够以补缺方式进行规制的能力时,法院也不应该适

---

〔26〕 Ibid, at 270 – 74.

〔27〕 See, *International Transport Roth GmBh v Secretary of State for the Home Department*[2002]EWCA Civ 158, [2003]1 QB 728(Simon Brown LJ).

用《人权法》第 3 条。[28]

二、尊重与审判 154

尊重的概念主要来自《人权法》第 6 条,用以确定在多大程度上公共机构应决定公约权利的范围和适用。如上文所说,[29]出于与建构权利保护的民主对话模式相同的动机,尊重理论的提出,意在保证权利保护模式能考虑到具有争议性的权利问题,更适合由行政机关而非法院来解决。决定尊重范围大小的因素有助于我们确定法院裁决是否涉及争议性权利问题。对于尊重标准的司法和学术讨论可以进一步厘清《人权法》中的审判理论,我们可以用 A 及其他人诉内政大臣案、X 及其他人诉内政大臣案(以下简称 A 与 X 案)[30]的判决说明这一点。

该判决是关于在贝尔马什(Belmarsh)监狱关押非本国公民的恐怖主义嫌疑人问题。根据 2001 年《反恐怖主义及犯罪行为安全法》第 23 条的规定,内政大臣可以拘押非英国籍人,只要确信后者参与了恐怖主义活动,并认为他们留在英国境内会对英国国家安全构成威胁。拘押被许可适用于下述情形:基于对这

---

〔28〕 See, In Re S, above n 12(Lord Nicholls).

〔29〕 See ch 5, p 117.

〔30〕 [2004] UKHL 56, [2005] 2AC 68.

些人的人身安全考量或者基于其他实际考量而不能对他们做出驱逐出境的命令。第23条显然违背了《欧洲人权公约》第5(1)条的规定。因此,一项行政命令就减损了《欧洲人权公约》的效力。在A与X案中被提出的尊重问题就是要确认法院在多大程度上可以审查行政机关的决定,评估是否存在威胁国家生存的危险,或者2001年《反恐怖主义及犯罪行为安全法》第23条是否对保护国家安全必不可少。基于保护公民自由和保护国家安全的重要性,这无疑是一个复杂的问题。

在讨论应给予行政机关多大程度的尊重时,3位法官看起来至少部分是根据诉争的特定事实是否具有可争议性而做出判断。这在宾厄姆(Bingham)法官和霍普法官的裁决中最为明显。宾厄姆法官认为,当法官面对的是政治性而非法律性决定时,应对行政机关给予更多的尊重。尤其是本案涉及是否存在威胁国家安全的政治事项,行政机关需要对人类行为做出预测,而此决定比其他行为更不可测。因此,这一政治事务最好被理
155 解为"理性和知情的公民将会产生意见分歧"的事件,[31]行政机关和立法机关比法院更适合解决此类问题。霍普法官同样认

〔31〕 Ibid, at[29].

为,法院有充分理由尊重行政机关的决定。但是,他认为对行政机关的尊重程度并没有那么大,因为该案不仅涉及自由权的重要性,而且诉争的问题也不是社会或经济政策问题。如他所说:

> 在民主社会中,意见分歧是合理存在的,代表整个国家做出选择的权力更适合留给政府和议会。[32] 司法机关适用尊重概念的以往经验,表明司法机关是了解影响权利可争议性要素的。但是,尽管判例法和学界评论对尊重范围的讨论,可被用于进一步分析《人权法》所需的审判理论,它却不应被纳入我们的审判理论中。

首先,因为其中存在一种风险,即出于对尊重的考虑,司法机关可能将某些主题直接归类为有争议的,而非去分析法庭审理的具体事项是否具有可争议性,因此有损害《人权法》所要求的民主对话模式之虞。这一风险可以通过采用非领域性的(non-spatial)而不是领域性的尊重方式来减少。领域性的尊重

〔32〕 Ibid,at[108].

意味着法院在决定是否表示尊重时要受到一般性裁判领域的影响。而非领域性的尊重则意味着法院要进行特定化的分析，在决定尊重的范围时，既要考虑裁判的领域也要考量其适用的特定背景。[33] 然而，很难防止非领域性尊重随入领域性尊重，特别是由于法院仅关注那些增加或减少权利可争议性的因素，而不关注将公约权利规定适用于具体事项本身是否存在合理分歧。[34] 因此，错误就可能发生，并阻碍对话的进行。

此外，对尊重的考虑还可能进一步导致重复计算的问题。民主对话的权利保护模式允许立法机关对法院的裁决作出回应。而法院在决定权利范围时，不必服从立法机关的意愿。因为一旦司法机关这样做了，《人权法》所追求的平衡将会偏向民
156 主而非人权保护。只有法院对特定公约权利的范围和适用给出自己的推理结论，对话才能推进，正确的平衡才能维系。立法机关在试图推翻根据《人权法》第 3 条作出的司法裁决或者在决定是否要回应法院根据第 4 条作出的不一致宣告时都必须考虑

〔33〕 M Hunt, 'Sovereignty's Blight: Why Contemporary Public Law Needs the Concept of Due Deference' in N Bamforth and P Leyland (eds), *Public Law in a Multi-layered Constitution* (Oxford, Hart Publishing, 2003) 337, 344 – 6.

〔34〕 TRS Allan, 'Human Rights and Judicial Review: a Critique of "Due Deference"' (2006) 65 *Cambridge Law Journal* 671.

法院的这一推理结论。

三、一种新兴的法律标准

这些分析将我们指向以下的法律标准：法院需要评估审理的权利问题是否具有争议性。为了确定这个问题，法院要分析公约权利的范围及其在具体事实下的适用。在评估时，法院可以参考先例来探讨尊重的范围，但必须确保这些特征有助于决定诉争事项可争议与否，而非宽泛地讨论可争议性问题。

例如，在贝林格案中，法院要处理的问题是不具有争议性的。根据出生性别进行性别判定的法律无疑侵犯了贝林格夫人的公约权利，对此不存在合理分歧。这样的立法使变性人不可能被识别为他们选择的新性别，因此违反了《欧洲人权公约》第8条和第14条。尽管对变性人权利的确定需要对复杂的社会政策问题进行评估，尽管法院的裁决会造成巨大的实际影响，这一结论并不会变得不同。如果法院认定要处理的事项具备争议性，那么法院就应该适用《人权法》第4条而不是第3条。如果法院处理的问题无争议性，那么适用第3条而非第4条看上去就很合理。但我们也可以从两个方面来反驳这一观点。

首先，《人权法》第4条应适用于立法机关能为受侵犯的公约权利提供更有效救济的情形。通常有三种情况：

第一种情况是对法律的公约一致性解释超越了法院能做出的补缺式修改。在S和W案[35]中我们可以找到相应的范例,"评星"系统不仅要求对法律做出一个补缺式修改,而且大大偏离了原有的立法方案。

此外,如果任何公约一致性解释要求明确背离法律文本,就远远超出了补缺式修改。例如,在R(安德森)诉内政大臣案[36]中,1997年《犯罪(判刑)法》第29条规定:

157 1. 在假释委员会的建议下,内政大臣可以在咨询首席大法官和主审法官后,对非酌情性终身监禁罪犯发放假释证明。

2. 但非经内政大臣提出特定案件或者特定类型案件并寻求假释委员会的建议,假释委员会不得根据上述第(1)款作出建议。

法院认为,这一条违反了《欧洲人权公约》第6条的规定,因为设定具有强制性的终身监禁属于司法机关的职能,必须由独立公正的法官来履行职责,而不能由内政大臣行使该权力。然而,这一法律规定不能被解释为禁止内政大臣在主审法官推荐的时间之外设定发放假释证明的日期。因为这样做会与第

---

〔35〕 [2002] UKHL 10, [2002] 2 AC 291.

〔36〕 [2002] UKHL 46, [2003] 1 AC 837.

29 条的明文规定相悖,该条赋予了内政大臣完全的自由裁量权。

第二种情况是当公约一致性解释需要建立起程序性或者执行性机制,并会在其他法律领域中产生连锁反应,那么立法机关能更好地对受侵犯的公约权利提供有效救济。S 和 W 案再次证明了这一点。由法院发展出的“评星”系统创造了程序性机制,使受养育指令规制的儿童的父母和监护人能够启动司法程序,审查当地政府适用养育指令将儿童置于其看顾之下的行为。

第三种情况是法院要在不同的公约一致性解释之间进行选择,而对如何选择又存在合理分歧。例如,某一法律违反了《欧洲人权公约》第 14 条平等对待的要求。如果与养老金支付有关的立法在男女两性之间造成歧视待遇,那么要纠正这一不平等待遇或者可以通过:(1)保证支付给女性的金额与当前支付给男性的金额相同;(2)将付给男性的金额与目前支付给女性的金额等齐;(3)选择一个完全不同的金额支付给男性和女性。

在这些情形下,法院应该通过宣告法律与公约不一致,并使立法机关在不同的公约一致性解释中选择救济对公约权利的侵犯。贝林格案对此提供了另一个例证。考虑到由于可能改变性别定义的医疗程序和其他程序的广度,以及这一改变可能造成的政策后果，在为确保公约一致性而对“男性”和“女性”的含义进行精确解释时，允许存在合理分歧。

其次，《人权法》第 4 条还适用于公约一致性解释违反该法
158 基本特征的情形。这一限制通过赋予立法机关回应和纠正法院根据第 3 条进行公约一致性解释时可能出现的错误，来促进立法机关和法院之间的对话。S 和 W 案就是此限制的一个例证。与之前的立法相比，《儿童法》标志着一项政策变化，特别是建立了法院不干涉的一般性政策，即当地方当局行使其监护权力、根据养育指令将儿童纳入其看顾范围时，法院将不予干涉。法院在审查该法律时认为“评星”系统违背了干涉的一般原则，授予了法院比 1989 年《儿童法》中规定的有限权力更大的监督权。因此，“评星”系统不能被认为符合 1989 年《儿童法》的规定，也不能授权法院来救济对公约权利的侵害。在此情况下，合适的做法是由法院根据《人权法》第 4 条作出公约不一致宣告。

通过适用这一检验标准，法院对待决的公约权利范围和适用得出自己的结论。当面对复杂的社会政策或道德政策时，他们也不需要表现出尊重和服从。相反，我们应关注的是，为保证民主地解决这些争议，权利保护的民主对话模式应使立法机关能够回应法院根据《人权法》第 3 条和第 4 条作出的决定。

我们对《人权法》的理解也为立法机关如何行使权力提供了指导。当宽泛的法律条款减损了少数群体或某一特定群体的权利,或者减损了某一公约权利就像减损了英国宪制中长期存续的原则时,我们认为,立法机关不应推翻法院的裁决。尤其是在立法机关要决定是否回应法院根据《人权法》第 3 条作出的裁决时,或者当法院针对一个无争议性却更适合为立法机关处理的事项作出公约不一致宣告时,或者对法律的公约一致性宣告可能违反该制定法的基本特征时,这一要求将强化。

然而,当出现有争议性的权利事项,而立法机关要决定如何回应法院根据《人权法》第 4 条作出的不一致宣告时,这一要求将弱化。

第三节　结　语

我们已经论证,《人权法》中权利保护的民主对话模式为其提供了正当性。在为权利保护的民主对话模式辩护的基础上,本章试图对司法机关、立法机关及他们之间的对话关系提供指导,以保证在维持民主与保护人权之间建立一种微妙的平衡。

159 需要指出的是,我们的结论有两种限制。首先,本书并没有主张《人权法》提供了一种理想的权利保护模式,或者为权利保护的民主对话模式提供了完美无缺的范例。我们的分析仅仅是对《人权法》的一种可能解释,能证明其采取对权利的弱保护而非强保护模式的正当性。其次,我们对审判理论的分析是为了决定法院应如何解释《人权法》第 3 条和第 4 条的规定,以促进该法所要求的民主对话。它没有把重点放在确定议会是否有保护权利的意图上,也不关注对《人权法》第 3 条和第 4 条的解释。

相反,我们的分析意在说明,当前对这些条款的解释已经清晰地证明了法院在适用审判理论时要接受法律原则的指导。这一点能保证法案中提供的权利保护的民主对话模式不会被简化成权利的强保护模式——立法机关不得不同意关于公约权利范围的所有司法决定,也不会被简化为一种政治主导型的权利保护模式——法院过于服从立法机关在这些事项上的意见。

第七章　结　论

本书有两重目的:在本书的前半部分,检视了英国法由于坚持议会主权原则而只能对人权提供弱保护而非强保护的观点。对人权的强保护需要权利条款具有刚性,并授权法院推翻与人权保护不符的法律。然而,这在一个遵从戴雪议会立法至上观念的法律体系中似乎是不可能的。根据戴雪的理论,议会不能通过立法约束其继任者,因此不可能规定刚性的人权条款。此外,它主张议会作为主权立法机构,其法律条款的效力不能被任何其他机构质疑。如果法院能够废除与人权要求不一致的立法,那就相当于他们可以质疑议会立法的法律效力。

本书第一部分就挑战了这一观点。在这一部分中我既分析了《人权法》本身是否可以被视为对议会立法至上原则的挑战,也论述了该法案怎样在不违反持续性议会立法至上原则的情况下，对人权加强保护。在书的后半部分则分析了是否应修改《人权法》，以便提供更强的人权保护。我认为该法案有效地保护了人权，促进了立法机关和法院之间的对话，既吸纳了权利的司法保护优势，又防范了可能的反民主后果。

本书并不赞成人权条款的刚性，而只是指出在保有议会主权的同时，实现人权保护的可能途径。本书不认为人权保护的民主对话模式要优于纯粹民主的或强宪法保护模式。相反，本书仅意在指出《人权法》中存在的权利保护模式，可以通过其对民主对话的促进作用得到证成。另外，本书也并不认为戴雪提出的议会主权观作为一种宪制安排优于其他宪制安排而应该予
162 以保留。相反，本书认为戴雪的理论是一种流行的主权观。书中对其缺点进行了批评并提出了其他的可能性，但对戴雪理论的主导地位及其对英格兰或者说英国宪法本质特征的描述，本书既非完全赞成也非完全否定。

在结论这一章中，我将继续探讨最后这一观点，提出一种对持续性议会立法至上原则的新辩护理由。我将指出，从宪法理论角度，持续性议会立法至上原则是比自我限制性议会立法至上原则更好的观念。为持续性议会立法至上原则辩护并不决定性地反对在英国建立成文的、刚性的宪法。但是，它提出了一种

论证理由，以保证宪法建立的过程不同于普通立法的过程。

第一节　对持续性议会立法至上原则的适度坚守

一、主权与至上原则之别

持续性和自我限制性议会主权理论之间的区别往往被认为取决于“刚性”这一概念。自我限制性议会主权理论与刚性相容，而持续性议会主权理论则不然。本书认为，在持续性议会主权理论下，即使很难，但刚性效力仍然是可能实现的。这种刚性效力是通过修改有关有效立法的定义规则来实现的，而这一规则本身不能被议会单独修改。然而，刚性效力除了可能造成持续性议会主权观念与自我限制性议会主权观念混淆之外，还会对戴雪的主权观造成困难，使我们质疑戴雪的理论是否真的算作一种议会主权理论。主权是一种绝对权力：认识到某一特定机构拥有绝对的权力。[1] 然而，戴雪的理论并不认为议会拥有绝对的权力。议会享有立法主权是因为存在一项授予议会这种

〔1〕 See ch 1, pp 15 – 17.

权力的规则。这一规则同样也定义了合法的立法者及其继承人,以及立法者合法地制定法律所必须履行的程序。立法者的权力就来自这一规则,而不是自我授予的。因此主权并非在议会手中,而是取决于谁有权制定和修改确定有效立法的标准。

163 相应地,戴雪的理论更应被理解为议会立法至上原则而非议会主权。议会不是主权者,但其权力却是至上的。也就是说,它自己决定对其立法权施加的限制,而这些限制不能被任何其他机构挑战或推翻。戴雪的持续性议会立法至上理论限制了威斯敏斯特议会的立法能力——议会不能约束其继任者,但是此限制并不是源于议会本身,而是源于持续性议会立法至上的定义本身。

如果议会能够约束其继任者,那么它就享有自我限制性而非持续性的议会立法至上权。但是接受这一限制将不可避免地导致威斯敏斯特议会并非立法至上的结论。因为要拥有这种类型的至上权,就必须能够解释加于其立法权之上的所有限制,包括其不能约束继任者的限制。这看起来像是支持议会适用自我限制性议会立法至上原则。尽管后世的议会立法可能在立法程序和形式上受限,但这些限制仅源于议会本身,而非源于主权或至上原则,因此与我们关于立法至上的定义一致。

因此,看起来自我限制性议会立法至上理论比持续性议会立法至上理论更具说服力。首先,它可以被明确划定为立法至上理论,即对议会立法权的唯一限制源于议会本身。这些限制由前任议会加于继任议会之上。其次,议会可以被明确视为一个主权立法机构。除了前任议会对其施加的限制,它有权就任何领域的问题进行立法。因此,议会整体在时间维度上始终是主权者。最后,自我限制性议会立法至上理论可以包容那些批评将立法主权授予议会的意见。议会可以通过立法来巩固少数群体的权利,制定有关立法方式和形式的有约束力的条款,以防后来议会做出侵犯人权的行为。

然而,从更深层次上检视,自我限制性立法至上理论也存在逻辑上的冲突和不足。詹宁斯和休斯顿是提倡英国法实行自我限制性议会立法至上原则的主要代表。他们认为主权的识别是一项法律原则。而作为一项法律原则,其依据只能是普通法或
制定法。但是,如果基于制定法来确立主权就意味着议会有权 164
创造自己,自力更生。但议会没有赋予自己主权的权力,因此对于詹宁斯和休斯顿来说,主权必须源自普通法原则。而普通法原则可以为议会颁布的制定法所修改,因为制定法地位凌驾于普通法原则之上。

认为主权原则源于普通法的观点将会造成两个问题：

首先，正如葛德斯沃斯（Goldsworthy）所说，“自力更生”的论点也可以适用于法院。[2] 如果决定主权来源的规则存在于普通法并由法院制定，那就需要探寻法院创造普通法的权力从何而来。这就会造成同样的循环。法院有权创造普通法，包括与识别主权立法者有关的规则及与制定有效法律有关的规则。但是这种创造普通法的权力本身来自普通法。法院拥有这种权力，是因为他们决定自己有这种权力。因此詹宁斯和休斯顿关于为何主权识别规则不能由制定法而只能由普通法授予的理由也同样适用于法院。他们的失误在于没有认识到存在与主权相关的其他规则渊源。而持续性的议会立法主权理论则不会遭受这种批评，因为它认为主权的来源既非普通法也非制定法，而是政治事实。这些政治事实既不能被立法机关也不能被法院单独改变。

其次，如果普通法被视为识别主权立法者的规则渊源，那么自我限制性议会立法主权理论就会有堕入司法主权理论之虞。如果我们认为识别主权立法权的规则，立法主权行使的程序规

---

〔2〕 进一步讨论参见 J Goldsworthy, *The Sovereignty of Parliament: History and Philosophy*（Oxford, Clarendon Press, 1999）240。

则和主权的代际移转规则存在于普通法之中，那么这些规则就既可被司法机关也可被立法机关改变。司法机关也可以改变“制定法优于普通法”这一普通法条款。由此，通过改变普通法，司法机关可以自行决定是否赋予该法案以法律效力。

我们的分析未能为采纳持续性还是自我限制性议会立法至上理论提供充分的理由。两者都可能导致明显的悖论和矛盾，并且两者都可能对英国宪政体制造成破坏性后果。持续性的议会立法至上理论将民主置于人权保护之上，而自我限制性议会立法主权理论则会导向司法主权而非议会主权。尽管如此，我们的分析还是有利于厘清两种观念之间的区别，并进一步证明两种理论之区别在于刚性效力如何实现以及立法机关与法院之 165
间的相对权力关系。

基于持续性议会立法至上理论，当决定法律有效性的规则被修改时，刚性效力仍然是可能的，因为这一修正取决于法律系统中那些官员的接受，包括立法机关和法院的成员。基于自我限制的议会立法至上理论，刚性效力同样是可能的。前提是由立法机关修正识别有效立法的规则而法院承认普通法规则可以被制定法推翻。为了进一步理解他们之间的区别并解释他们如何为戴雪的主权观念提供了一种修正后的论证，我们需要回顾

第一章中讨论过的主权悖论命题。[3]

二、从悖论到正当性

主权悖论来自对全能概念的分析。当全能的主权者拥有所有权力因此必须拥有自我限制的权力时,悖论就产生了。但是,如果主权者限制自己的权力,那么她就不再是全能的。同样,如果她并不拥有自我限制的权力,那么她也不再是全能的。存在她不能做的事,就意味着对自身权力范围的限制。

当我们讨论主权悖论时,可以参考哈特的观点。哈特认为,从逻辑上说,自我限制性和持续性议会立法至上原则都可以解决主权悖论。主权者或者被视为历经时间始终保有主权,如自我限制性议会立法至上理论所述限制自身权能;或者被视为特定时间阶段内的主权者,因此无权对其未来的权力作出修改,符合持续性议会立法至上理论。[4]

通过麦基(JL Mackie)的讨论,我们能更好地理解主权悖论的真正本质。[5] 麦基认为主权谜题可以通过区分一级秩序规

---

〔3〕 See ch 1, p 16.

〔4〕 See ch 1, pp 15 – 17.

〔5〕 JL Mackie, 'Evil and Omnipotence' 1955 *Mind* 200. See, J Allan, 'The Paradox of Sovereignty: Jackson and the Hunt for a new Rule of Recognition' (2007) 18 *King's Law Journal* 1.

则的主权和次级秩序规则的主权得到解释。一级秩序规则是那些规制个人行为而非立法机关行为的规则，而次级秩序规则支配立法机关和立法过程。[6] 一个主权立法者因此可能拥有：

主权(1)：对一级秩序规则的主权；或 166

主权(2)：对次级秩序规则的主权。

有了这种区别，麦基将主权悖论表述为以下方式：

如果我们说议会是主权者，我们可能指的是议会在任何时候都拥有主权(1)，或者可能指的是议会当前同时拥有主权(1)和主权(2)，但如果我们既认为当前议会拥有主权(2)，又认为每届议会时时刻刻都拥有主权(1)就难免自相矛盾。因为如果当前议会拥有主权(2)，它就可能运用这一权力来剥夺之后的议会

---

[6] 这一区分不应与哈特关于初级规则和次级规则的区分相混淆。麦基的第二级秩序规则与哈特的次级规则都可以在广义上被归为关于规则的规则。但麦基的第二级秩序规则比哈特的次级规则既更狭义也更广义。更狭义是因为它只关系到立法机构的本质以及立法机关制定有效法律的方式；更广义是因为它不只是授权规则。

所享有的主权(1)。[7]

持续性的议会立法至上原则认识到当前议会不能约束继任者,因为这样做会剥夺后世议会的主权。这一原则因此将主权(1)授予了任何时间的任何议会。但它没有将主权(2)授予议会,因为这样做会导致未来的议会不能享有主权(1)。自我限制性议会立法至上原则将主权(1)和主权(2)都授予议会,但意识到这将意味着后世的议会可能不拥有主权(1)。

使用这些术语分析主权悖论,揭示了持续性主权概念与自我限制性主权概念间的另一个区别。自我限制性主权观将主权(2)授予议会,而持续性的主权观则没有这样做。可以认为仅将主权(1)而非主权(2)授予议会有充分的宪法理由,即宪法的内在价值,无论它们是否成文,无论它们是法律还是政治事实,也无论它们是促进还是阻碍了权利条款的刚性效力的实现。[8]

---

〔7〕 Mackie, above n 5, at 211 – 12.

〔8〕 NW Barber, 'Against a Written Constitution' [2008] *Public Law* 11; D Feldman, 'Courts, Constitutions and Commentators: Interpreting the Invisible' (1993 – 4) 16 *Holdsworth Law Review* 37, 39 – 44; D Feldman, 'None, One or Several? Perspectives on the UK's Constitution(s)' (2005) 64 *Cambridge Law Journal* 329.

三、对持续性议会立法至上原则的宪法辩护

虽然我们有可能给出对宪法的定义,但很难确定对所有宪法都适合的价值是什么,无论他们是否被法典化、是否成文,也无论他们是法律原则、政治原则,还是历史遗留的、被固定下来的或者其他情形。从某种意义上说,宪法只规定了政府机关及他们的身份和相对权力。然而,把宪法等同于承认规则是错误的。承认规则决定了特定法律体系中法律的有效性,它比宪法 167
的内容要狭隘。宪法的价值不仅体现为如何界定权力,而且包含内在的价值标准,能够据此区分好的宪法与坏的宪法。而对持续性议会立法至上原则的辩护理由是,在当前的英国宪制中,这些价值能够通过持续性而非自我限制性议会立法至上原则得到最优实现。

首先,宪法需要在稳定性与灵活性之间达致平衡。稳定性通过为宪法体制的发展提供确定和一致的价值,识别构成国家和法律体系的机构,分配他们的相对权力,决定这些机构之间彼此联系的方式和他们与其治理的公民之间的关系。而灵活性则能够保证宪制安排随着他们所治理社会的变化而改变。对变化的灵活适应使宪法得以不断演化,防止出现宪法突变和宪法断裂。

其次，宪法可以发挥合法化的功能。宪法要为有权机关合法行使政治权力提供正当性。这一合法化的需求至少部分显现于平衡人权保护和保存民主价值的争论中。通过立法方式保护人权的观点基于正当性的立场，认为司法性的权利保护减损了民主代议、对人民负责的立法机关的正当立法权。而倾向权利的宪法保护观点则对正当立法权持有不同看法。他们认为，民主立法者只有在其权力行使不减损人权，特别是那些堪称民主之基的权利，或保证少数人免于“多数人暴政”的权利时才具有正当性。

最后，宪法建立了制衡机制以在不同机构之间分配权力，确保他们不滥用职权或侵犯其他机构的职权。[9] 这些机制确保了正当性的实现以及稳定性和灵活性之间的平衡。制衡机制的设计可以保证没有哪一个机构能够拥有超越法律规定的权力。此外，制衡机制还提供了一种避免宪法危机的手段，促成必要的宪法变更，也不减损宪法的稳定性。[10] 制衡机制还有一个单独
168 的功能，即通过将权力授予最适合行使它们的机构，并保证这些

〔9〕 这一制衡功能与分权原则有关。但是，对它需要进行更复杂的分析而不仅仅是传统的立法权、行政权、司法权的三分法。

〔10〕 在之前的一篇文章中，尼克·巴伯和我把这些机制称为宪法的自我防御机制，参见 NW Barber and AL Young, ‘The Rise of Prospective Henry Ⅷ Clauses and their Implications for Sovereignty’ [2003] *Public Law* 112。

机构不偏离其特定的专业领域来提高工作效率。[11]

要理解为什么持续性的议会立法至上原则最适合实现这些价值,我们需要回到持续性和自我限制性议会立法至上理论之区别上来。持续性的议会立法至上原则将主权(2)授予一项逻辑上必要的规则。我们可以哈特的承认规则理论为例来说明这一逻辑必要规则,尽管遵循哈特的理论对证明持续性议会立法至上原则并非必要。所需要的是承认(1)与主权者身份相关的规则(无论是在特定的时间点还是对未来的继任者同样有效)和(2)主权者制定合法有效的法律之立法过程既不能被议会也不能被法院单独改变。对其修改需要由代表法律体系不同分支的官员共同采取行动。其中,包括立法者、法院和执法者,尽管在实践中很难确定所需要的官员数量。

自我限制性议会立法至上原则将主权(2)赋予议会。议会本身可以修改与识别主权立法者及其继任者有关的规则以及制定有效法律的程序。然而,如前所述,自我限制性议会立法至上理论也

---

〔11〕 NW Barber, 'Prelude to the Separation of Powers' (2001) 60 *Cambridge Law Journal* 59; J Jowell, 'Judicial Deference: Servility, Civility or Institutional Capacity?' [2003] *Public Law* 592.

认为这些规则存在于普通法中。[12] 议会保有主权(2)是因为它可以通过立法改变主权(2),而法院将会遵从这一变化,因为普通法要求制定法规则优先于普通法原则。但是,由于法院有权修改这些普通法原则,因此主权(2)也可能从议会手中被转移到法院手中。

用这些术语进行分析,我们开始理解为什么应保留戴雪关于持续性议会立法至上的理论。自我限制性议会立法至上理论将主权(2)置于议会手中的要求,看似在灵活性和稳定性之间达成了有效平衡。灵活性体现在议会有能力通过普通立法行为来巩固宪法原则,而稳定性则体现在这些原则不能被普通立法推翻。

但自我限制性议会立法至上理论存在难题,因为它更难以证明议会选择某些特定原则并行使主权(2)以实现刚性效力的
169 正当性。首先,在本届议会和未来的任何一届议会之间并不存在不同,因此认为继任议会要受前任议会约束的说法将遭受批评。其次,即使对这些被刚性化的原则正当性不存在异议,还会有新的原则在将来涌现并要求实现其刚性效力,或者旧的原则可能因道德或政治理论的变化而失去其正当性。

司法机关通过创造性解释可以改变主权(2)规则。另外,

---

〔12〕 See ch 3, pp 68 – 75.

如果立法机关不愿意或者不能够修改由前任议会固定下来的条款内容,法院也可以通过修改普通法来推翻立法机关的意志。[13] 将主权(2)授予议会和认为主权(2)源于普通法原则之间的矛盾不利于宪法稳定性,可能导致议会与法院之间一系列的宪法危机,威胁到宪法稳定性。

当我们根据持续性议会立法至上原则认为主权(2)是被一种逻辑上必需的规则所赋予时,这样的宪法危机就不太可能出现。这一规则既是一项法律规则也是一项政治事实。如前所述,该规则的内容是可变更的,以赋予那些需要更强保护的原则以刚性。但是这一刚性效力不能仅通过议会行动而实现。议会可以提出动议,但修改需要被法律体系内的官员们所接受:他们的接受有助于保证以这种方式实现刚性的原则的正当性。

此外,由于这一逻辑上的先决规则既是一种政治事实又是一项法律规则,其修改通常要通过渐进式的演变来实现,以避免一系列的宪法危机。由于政府不同机构间的制衡机制不仅以法律权力的形式出现,也是政治领域的一部分,因此能避免引发这些危机。无论是法院还是议会都不能单独修改与识别主权者身

〔13〕 可能通过改变这一规则,制定法即议会权力总是优先于普通法规则。

份和制定有效法律有关的规则。

当要确定对这些规则的拟定修改是否有效时,法律体系内的官员们要考虑相关政治因素。这不仅有助于保证这类变革的正当性,也可以阻止任何机构试图通过修改这一规则的内容来强化自己相对于其他机构的权力。此类修改很可能会引发一场宪法危机,议会或法院通过修改我们现有的宪制安排,获取优于其他机构的法律地位。在此情形下,两个机构间的谦抑制度有
170 助于强化议会和法院之间的良性制衡关系,使任何一方在获得优势地位时不得不面临丧失其现有权力的危险。

四、杰克逊案

在解释欧盟制度的发展〔14〕和英国法体系中与议会特权相

---

〔14〕 See, M Kumm, 'Who is the Final Arbiter of Constitutionality in Europe?: Three Conceptions of the Relationship between the German Federal Constitutional Court and the European Court of Justice' (1999) 36 *Common Market Law Review* 351; N McCormick, *Questioning Sovereignty: Law, State and Nation in the European Commonwealth* (Oxford, Oxford University Press, 1999); M Poaires Maduro, 'Contrapunctual Law: Europe's Constitutional Pluralism in Action' in N Walker(ed), *Sovereignty in Transition* (Oxford, Hart Publishing, 2003) 501; DR Phelan, *Revolt or Revolution: the Constitutional Boundaries of the European Community* (Dublin, Round Hall Sweet and Maxwell, 1997); C Richmond, 'Preserving the Identity Crisis: Autonomy, System and Sovereignty in European Law, (1997) 16 *Law and Philosophy* 377 and JHH Weiler, 'The Reformation of European Constitutionalism' (1997) 35 *Journal of Common Market Studies* 97.

关的法律时,[15]可以在持续性议会立法至上原则与法律多元主义的发展间找到相似之处。法律多元主义产生于两个不同的机构都声称拥有自裁管辖权(kompetenz-kompetenz)时,自裁管辖权是主权对自身权能范围做出决定的权力。例如,在欧盟,成员国国内法院和欧洲法院都有权决定欧盟法的适用范围。因此就会产生两种并行的承认规则。成员国国内法院可以根据国内法识别欧洲共同体法律的效力。如果《欧洲共同体法》被认作国内法的有效法源之一,那么其有效规定就可以直接推翻国内法中与之冲突的规定,因为国内法赋予了它这种效力和强制力。欧洲法院则认为,无论国内法如何规定,欧共体法律本身即是有效的。《欧洲共同体法》直接决定了其在各国法律体系中的效力。[16]

存在两种平行的承认规则会造成法律体系的不稳定,因为承认规则有可能识别出两种不同且互相冲突的法律同时有效。例如,如果英国法承认《欧洲共同体法》直接有效,只能推翻1972年《欧洲共同体法》颁布之前英国法中与之矛盾的条款,而

〔15〕 See, NW Barber, 'Legal Pluralism and the European Union' (2006) 12 *European Law Journal* 306.

〔16〕 这里并不指英国宪法最应从法律多元主义视角来解释。

《欧洲共同体法》则认为，欧共体法律直接有效，凌驾于一切与之相悖的国内法之上，而不论其颁布时间，那么就会产生法律适
171 用上的矛盾。矛盾的存在造成了法律体系的不稳定和冲突，其处理结果只能允许在一个特定的法律体系中采纳一种有效的承认规则，而推翻与之竞争的其他承认规则。

法律多元主义如果并非一种暂时情形，那就需要建立相应机制来减少可能的冲突，保证法律体系的稳定。可以通过两种途径实现这一点。首先，这些机构需要基于冲突发生可能引发的不良后果而避免冲突。〔17〕 其次，机构间相互谦抑的机制能为合作提供更强动力来避免冲突。〔18〕 持续性议会立法至上原则不仅有利于机构间的谦抑，还强化了对谦抑失败会引发的不良后果的恐惧，而自我限制性议会立法至上原则并不能。这一点可以通过对杰克逊案的分析来说明。〔19〕

杰克逊案涉及 2004 年《狩猎法》的有效性问题。该法根据 1949 年《议会法》制定且未经贵族院同意。1949 年《议会法》则

〔17〕 Weiler, above n 14, at 124 – 7.

〔18〕 Walker, above n 14, at 375 – 8; Maduro, above n 14, at 522 – 24; Kumm, above n 14, at 281 – 307.

〔19〕 [2005] UKHL 56, [2006] 1 AC 262.

是根据 1911 年《议会法》的规定,未经贵族院同意而制定。杰克逊因此质疑 1949 年《议会法》的有效性,声称如果该法没有按照 1911 年《议会法》的程序制定,那么该法无效。法院则认为 1949 年《议会法》和 2004 年《狩猎法》均是合法有效的议会立法,因为 1949 年《议会法》的颁布并不与 1911 年《议会法》相抵触。

在得出这一结论的推理过程中,法院以在先的 1911 年法律来决定在后的 1949 年法律的有效性,似乎与持续性议会立法至上原则相悖。如果 1949 年《议会法》违反了 1911 年《议会法》的规定,那么其条款应该默示废止 1911 年《议会法》的规定。因此,无论 1949 年《议会法》的规定是否是根据 1911 年《议会法》所允许的程序制定,1949 年《议会法》在法律上都是有效的。

对杰克逊案有两种可能的解释。第一,可以将 1911 年《议会法》解释为引发了承认规则的改变。当政治体系中的官员们都接受了现在的承认规则——议会能够依照 1911 年《议会法》规定的方式不经贵族院同意而制定法律,即只有当这一点被视作一项政治事实时,承认规定才改变。第二,认为 1911 年《议会法》构成对自我限制性议会立法主权理论的改变。通过制定该 172
法,议会改变了立法通过的方式和形式,而其继任者如果希望不经贵族院的同意立法,就必须受这些条款的约束。因此,法院须通过审查1911年《议会法》的条款来决定按照这些条款制定的法律是否有效。

霍普法官在判决中支持了第一种解释。霍普法官认为主权是一项政治事实。[20] 他认为,1949年《议会法》之所以有效,不仅出于对1911年《议会法》条款的检视,而且因为1911年和1949年《议会法》所确立的程序在2004年《狩猎法》制定之前的其他立法过程中一直为平民院所遵守。霍普法官认为:

> 所有主要政党和两院都普遍接受了1949年《议会法》引入的修正后的安排,这是一个政治事实。我不认为法院可以无视这一现实。[21]

以这种方式解释1949年《议会法》的有效性,有助于立法机关和法院之间达成谦抑关系。法院分析政治事实,确定对承认规则试图进行的修改是否确实被行政机关和立法机关所接受。而接受的证据不仅取决于1911年和1949年的《议会法》的

〔20〕 [2005] UKHL 56, [2006] 1 AC 262, at [120].

〔21〕 Ibid, at [124].

适用没有被质疑,而且要考察其是否也影响了对其他立法的讨论。法院在承认这项法案的效力时,也修改了普通法,将对承认规则的修改视为一项法律事实。另外,由于法院并没有法律义务接受对承认规则的修改,所以如果立法机关试图对承认规则进行修改,就需要考虑到法院会做出何种反应。

立法机关和法院之间的谦抑关系不仅有利于宪制的稳定性,而且在立法机关和法院之间形成了一种制衡。霍普法官是这样评价的:

> 在宪法领域,各机构之间的微妙平衡具有深刻且持久的品质。戴雪把他们比作蜜蜂建造蜂巢时的工作状态,即在很大程度上要依靠各机构彼此间的相互尊重。[22]

这些制衡机制通常作为一种制度背景,通过立法机关或法院的预期反应来相互限制。但其效力将由于认识到谦抑关系破裂后可能造成的后果而得到强化。霍普法官认为,议会主权原则

〔22〕 Ibid, at[125].

173 “建立在议会代表人民、服务人民的前提之上”。[23] 如果法院认为立法不能反映议会所服务的人民的意愿，那么不仅民众有可能不遵守法律，而且法院在认识到这一事实时，也不会执行议会制定的法律。此举将挑战立法机关和法院的正当性，引发宪法危机。该宪法危机的发生不仅是因为两个机构间的权力斗争，而且是因为对立法机关合法性的挑战。这一危机的解决至少部分取决于议会试图服务的人民的意愿，强调将主权授予议会的关联性条件。[24]

斯泰恩法官的判词支持对杰克逊案的第二种解释，它明确采用了自我限制性议会立法至上理论。[25] 即认为通过制定1911 年《议会法》，立法机关修正了法律通过的方式和形式，并约束其继任者。1949 年《议会法》之所以有效是因为它符合议会设定的方式和形式要求。因此，法院必须承认该法案是合法有效的。这样做就没有留下多少谦抑的余地。如果议会意识到它对法律通过的方式和形式的改变将被法院接受，并约束继任

---

〔23〕 Ibid, at[126].

〔24〕 See, M Loughlin, *The Idea of Public Law* (Oxford, Oxford University Press, 2003) 83 – 7.

〔25〕 [2005] UKHL 56, [2006] 1 AC 262, [81] – [86].

者，议会就没有必要考虑法院的可能反应。作为法律问题，法院接受对立法方式和形式的变更是有效的。谦抑原则作为一项法律原则，可能仅通过法律解释原则体现出来，以限缩或扩展有关方式和形式条款的内涵。但是，若把它当作技术性条款，那么法院解释范围将小于更广泛的、实质性人权保护的范围。

这并不是否认自我限制性议会立法至上原则中仍可能存在制衡机制。但是，制衡将采取不同的形式。这可以用斯泰恩法官的判词来说明。斯泰恩法官承认，在"严格的法律主义"视角下，政府有可能利用 1911 ~ 1949 年《议会法》中规定的程序来修改或废除贵族院。[26] 1911 ~ 1949 年《议会法》中规定的程序还可以被用来"引入压迫性和完全非民主的立法"。[27] 但在这些情形下，法院可以修改议会主权原则本身，即斯泰恩所言，由司法机关创造的一个"普通法的建构"[28]：

> 当那些试图废除司法审查或法院日常功能的特殊 174
> 情形出现时，贵族院的上诉委员会或者一个新的最高

〔26〕 Ibid, at[101].

〔27〕 Ibid, at[102].

〔28〕 Ibid.

> 法院将不得不考虑这些情形是否涉及宪法的根本，即哪怕在拥有一个顺从的平民院的情况下，作为主权者的议会也不能对之废除。[29]

以这种方式建立的制衡机制有以司法主权取代议会主权的危险。它可能间接地限制了立法机关的权力，反之，立法机关的关注点则在于避免冲突、剥夺司法机关的权力，而不是关注如何修正承认规则使其被司法机关及选民最终接受。在此情形下，它虽然为司法机关提供了一种宪法自我防卫机制[30]却没有推进谦抑机制，这将潜在地损害议会主权的稳定性和正当性。

第二节　结　语

我们的讨论至此就告一段落。我们从促进机构间谦抑关系的角度捍卫了戴雪关于持续性议会立法至上的观点。《人权法》也得到了辩护，因为它能促进立法机关和司法机关之间的

〔29〕 [2005] UKHL 56, [2006] 1 AC 262, [102].

〔30〕 See, Barber and Young, above n 10.

对话，进一步证明机构间谦抑关系具有保护人权的目的。但这并不意味着戴雪关于持续性议会立法至上的理论是最好的宪制安排，应该作为我们宪法的核心原则永远存在，也不意味着《人权法》是保护人权的唯一正当手段。相反，这是为了说明，在当前宪法体系中，立法权被置于拥有最高地位的议会手中，不受以不同于普通立法程序制定的成文宪法的限制。在此背景下，采纳持续性议会立法至上原则将优于自我限制性议会立法至上原则。持续性议会立法至上原则提供了一种不会引发宪法危机的更佳的法律演化方式，促进了制衡体系的发展，并为现行宪制安排提供了正当性。

我们对持续性议会立法至上原则的辩护是温和的。尽管如此，对近期一些批评戴雪持续性议会立法至上理论的批评者来说这些辩护却是猛烈的。对持续性议会立法至上原则的保留不等于让民主价值超越权利保护。我们关于如何能在不破坏持续
性议会立法至上原则下实现“刚性效力”的讨论以及我们对《人 175
权法》的分析都说明了这一点。这一保留并非要将戴雪对英国宪制的影响延续下去，也不是要坚持已经过时的宪法原则。[31]

---

〔31〕 See, JWF Allison, The English Historical Constitution: Continuity, Change and European Effects (Cambridge, Cambridge University Press, 2007) esp pp 103 – 84.

相反,这仅仅说明该原则在促进宪法价值实现方面具有相对优势。同时,揭示出一个悖论:持续性议会立法至上原则的价值恰恰在于说明议会在某种意义上不是主权者。持续性议会立法至上原则并未将定义有效立法的权力授予议会,而是设定了一个规则,而该规则的修改需要议会和法院共同接受。

索　引

译后小记

1998 年,英国议会通过了《人权法》。这是当时作为欧盟成员国的英国通过的不是最重要,但是很重要的一部法律。这一法律的制定,与英国长久以来坚不可摧的宪法原则——议会主权,是不是产生了嫌隙?议会主权与《人权法》将和谐共存还是此消彼长?这些成为英国法律理论和实践中热议的话题。

自 17 世纪以来,渊远流长的英国议会负有“除了不能使女人变成男人,男人变成女人”,无所不能的盛名。而 20 世纪,英国议会《男女选举平等法》的制定,使英国“女人也变成了男人”,议会的无所不能彻底得到证实。议会主权是英国的公理,也是理解英国宪法的一把钥匙。《人权法》会使这把钥匙失灵吗?

作者艾丽森的这本书给了我们一个好的答案。英国法律体系历史悠久,自有其逻辑,议会享有无所不能的权力,但并非无所限制;坚守议会主权并不减损人权的保护。英国宪法制度中固有的法律原则、法律解释的规则、法律认可的规则、法律明示废除与默示废止的规则,以及受尊崇的宪法权利与法治,不仅是议会不会也不能轻易触动的传统,而且是法院以及整个英国政治体制中全体官僚机构的行为规范,这将最终使英国议会主权与保护人权和谐一致之树常青不衰。

作者艾丽森在对前述原则和规则分析的基础上,提出了议会与法院各取其长、各避其短,采取民主对话之径,实现与《人权法》规定的契合。这既坚守了议会主权的原则,又保护了宪法权利。而民主对话之模式是作者另一部重要著述,希冀在不久的将来,我们也可以中文的形式,以飨读者。

原书写成于 2009 年,距 1998 年英国《人权法》"把权利带回家"刚满 10 年。而我们决定将此书译为中文后的 2016 年,英国通过公投,决定脱离欧盟。那么,《人权法》这部从欧盟带回英国的法律还有意义吗?其命运会不会仅仅化为一张历史的故纸?

1951 年英国加入了《欧洲人权公约》,这早于其 1973 年成为欧盟大家庭的一员。所以在未来的时刻,无论英国人民、英国议会、英国法院，还是其他官僚机构，如何处置他们已经带回家的《人权法》，《欧洲人权公约》都是英国作为签署国必须履行的承诺。而作者在对《人权法》的分析中，也更多地关注到了《欧洲人权公约》中的权利：公约权利。其实《人权法》与《欧洲人权公约》在理念上，乃至条款上是相通并一致的。

本书的翻译，拖拉了许久。对其中涉及的关键性词汇几经讨论，力求能反映原作原意，但仍不尽如人意，颇多遗憾。

例如：

1. “The Human Rights Act”这里译为《人权法》。虽然《人权法案》的译法在中国已被接受，但译者认为，“bill”和“act”在英语中易于区分，在中文中“bill”译为“法案”，“act”译为“法”更为精准，故做此选择。

2. 书中关键词“self-embracing parliamentary legislative supremacy”，在原文中含义主要是指前任议会可以约束后任议会。几经讨论，我们选择将其译为“自我限制性议会立法至上”，也就是从后任议会的角度，是自我接受前任议会对其的限制。

3. 原文中提到了哈特关于承认规则中的“penumbra”，中国台湾地区学者将其译为“伴影”，本书使用了“适用外围”，以对应核心“core”。

4. 原文中使用的“implied repeal”，若与明示废除（expressly repeal）中文对应译为默示废除更整齐，但考虑议会和法院之间的分权，而法院没有废除法律之权，故采纳了朱铮老师“默示废止”的建议。

本书在翻译过程中，同事朱铮老师提供了极大的帮助。他对前三章内容做了认真细致的审核，纠正了翻译稿中许多错误的理解和提法。同事李松锋老师对第四章至第七章也做了同样的工作。孟祥瑞同学也做出了极大的贡献，对译稿进行多次打印、整理、排版，并翻译了英文人名。

任何一项工作的完成，都离不开大家的支持和帮助。原书作者艾丽森在其致谢中列举了诸多人名，但仍存缺憾，我们深有同感。本书的个别章节曾被作为硕士研究生专业外语课的课文和作业，学生程科、黄云龙、田新萌、郭程程、赵爽、王文鹏等人对我们的翻译也多有启发。法律出版社法治与经济分社沈小英社长和刘晓萌编辑为本书出版做出的努力和贡献也是不言而喻的。在此郑重地向这些同事、同学致以谢意，感谢大家。

译者

2022 年 6 月于北京

图书在版编目(CIP)数据

英国议会主权面临的挑战 / (英) 艾丽森·L.扬著 ; 薛小建，卞苏译. -- 北京 : 法律出版社，2023
(英宪精义)
书名原文：Parliamentary Sovereignty and the Human Rights Act
ISBN 978-7-5197-7450-9

Ⅰ.①英… Ⅱ.①艾… ②薛… ③卞… Ⅲ.①议会-研究-英国 Ⅳ.①D756.123

中国版本图书馆 CIP 数据核字(2022)第 251475 号

英国议会主权面临的挑战
YINGGUO YIHUI ZHUQUAN MIANLIN DE TIAOZHAN

[英]艾丽森·L.扬 著
薛小建 卞 苏 译

策划编辑 沈小英
责任编辑 刘晓萌
装帧设计 李 瞻

出版发行 法律出版社
编辑统筹 法治与经济出版分社
责任校对 王晓萍
责任印制 吕亚莉
经　　销 新华书店

开本 A5
印张 11.625　**字数** 223千
版本 2023年10月第1版
印次 2023年10月第1次印刷
印刷 北京中科印刷有限公司

地址：北京市丰台区莲花池西里7号(100073)
网址：www.lawpress.com.cn
投稿邮箱：info@lawpress.com.cn
举报盗版邮箱：jbwq@lawpress.com.cn

销售电话：010-83938349
客服电话：010-83938350
咨询电话：010-63939796

书号：ISBN 978-7-5197-7450-9　**定价**：116.00元
凡购买本社图书，如有印装错误，我社负责退换。电话：010-83938349